星云大师演讲集

05

禅学与净土

星云大师 著

生活·读书·新知 三联书店

Copyright © 2015 by SDX Joint Publishing Company
All Rights Reserved.
本作品版权由生活·读书·新知三联书店所有。
未经许可,不得翻印。
本书由上海大觉文化传播有限公司独家授权出版中文简体字版。

图书在版编目(CIP)数据

禅学与净土/星云大师著.—北京:生活·读书·新知三联书店,2015.4
(星云大师演讲集)
ISBN 978-7-108-05244-5

Ⅰ.①禅… Ⅱ.①星… Ⅲ.①禅宗-通俗读物 Ⅳ.①B946.5-49

中国版本图书馆 CIP 数据核字(2015)第 016557 号

责任编辑	麻俊生
封面设计	储 平
责任印制	卢 岳 张雅丽
出版发行	生活·讀書·新知 三联书店
	(北京市东城区美术馆东街 22 号)
邮 编	100010
印 刷	三河市嘉科万达彩色印刷有限公司
版 次	2015 年 4 月北京第 1 版
	2015 年 4 月北京第 1 次印刷
开 本	880 毫米×1230 毫米 1/32 印张 6.375
字 数	137 千字
印 数	0,001—8,000 册
定 价	28.00 元

总序　人间佛教正法久住

我们生活在人间,人间有男女老少,人间有五欲六尘,人间有生老病死,人间有悲欢离合。在缺憾的世间,我们如何获得欢喜自在?如何发挥生命的价值?如何拥有安乐的生活?这是我们所要探讨的课题。

佛陀降诞人间,示教利喜,为人间开启了光明与希望;佛陀依五乘佛法,建立了"五戒十善""中道缘起""因缘果报""四无量心""六度四摄"等人间佛教的基本思想。

为了适应时代的发展,我们创办文化、教育、慈善等事业,提出"传统与现代融和""僧众与信众共有""修持与慧解并重""佛教与艺文合一"等弘法方向。多年来,以"佛法为体、世学为用"作为宗旨,人间佛教渐渐蔚然有成,欣见大家高举人间佛教的旗帜,纷纷走出山林,投入社会公益活动,实践佛教慈悲利他的本怀。

2004年,我曾在香港和台北作例行的年度"佛学讲座",三天的讲题分别为"佛教的生命学""佛教的生死学""佛教的生活学"。我言:生命为"体",作为本体的生命,是不增不减、永恒存在、绝对、无限、正常的;生死为"相",每个生命所显露的现象,是有生有灭、变化无常、相对、有限、非常的;生活是"用",生命从生到死,其中的食衣住行、言行举止、身心活动等等,无一不是生命的作用。因此,体、相、用,三者密不可分。我们既来到世间生活,就有生命,有生命就有生死,三者是一体的,其关系极为密切。因此,整个人间佛教可以说就是"生命学""生死学""生活学"。

之后,我在世界各地演讲《人间佛教的戒、定、慧三学》。所谓戒定慧,有谓由戒生定,由定发慧,由慧趣入解脱,是学佛的次第;在人间生活,更需要断除烦恼才能获得究竟的妙智,才能自在悠游于人间!

1949年,我从中国大陆来到台湾之后,为了适应广大民众的需求,毅然采取面对面的讲说弘法。从宜兰乡村的弘法,到城市各处的聚会;从监狱的开示,到工厂的布教。1975年,在台北艺术馆举行佛学讲座,首开在"国家会堂"演讲佛学之风。接下来,我弘法的脚步,由北至南,由西至东,从学校到部队,从岛内到岛外。近二十年来,随着弘法的国际化,我更是终年在世界各地云水行脚,奔波结缘。

演讲的对象,有一般男女老少的信众,也有大专青年、企业界精英、教师、警察等特定对象。讲说的内容更是包罗万象,经典方面有《六祖坛经》《金刚经》《维摩诘经》《法华经》等,也讲说佛教的义理、特质与现代生活的种种关系,以及佛教对社会、政治、伦理、经济、心理、民俗、命运、神通、知见、因缘、轮回、死亡、涅槃等各种问题的看法。

三十年前,佛光山的弟子们将我历年来演讲的内容,陆续结集成书,并定名为《星云大师演讲集》丛书,二十多年来不知再版了多少次!许多读者将此套书视为认识佛教、研究佛学必读之书,也有不少出家、在家弟子,以此演讲集作为讲经说法的教材。

这套演讲集已缺书好一段时间,不时有人频频询问、催促再版。我重新翻阅,觉得此套演讲集讲说时隔近三十年,抚今追昔,虽然佛法真理不变,人心善美依然;环境变迁有之,人事递嬗有之。因此,决定将此书全新改版,去除与现今社会略微差异之处,重新校正、修订、增删,并依内容性质,分类为《佛光与教团》《佛教与生活》《佛法与义理》《人生与社会》《禅学与净土》《宗教与体验》《人间与实践》《佛教与青年》等册,总字数百余万字。为保存、珍重历史,同时又为方便后人参考、查询,我将演讲的时间、地点记于每篇文章之后。

我出家已超过一甲子,毕生竭力于人间佛教的弘扬与实践,主要是希望全世界各族群能相互尊重,人我能相互包容,社会彼此和谐进步。这套演讲集是为我初期弘法历程,以及一以贯之的人间佛教思想理念的鲜明见证。

出版在即,为文略说弘法因缘,并以心香一瓣祝祷人间佛教正法久住,所有众生皆能身心自在,共生吉祥。

星云　于佛光山法堂

目 录

001	谈禅
023	禅与文人
038	禅师与禅诗
061	禅与现代人的生活
068	禅堂的生活与清规
083	禅者云游与参访
096	从风趣洒脱谈禅宗的人物
112	从教学守道谈禅宗的特色
128	从衣食住行谈禅宗的生活
141	生命升华的世界
159	净土思想与现代生活（一）
171	净土思想与现代生活（二）
184	净土思想与现代生活（三）

谈禅

"禅"可以开拓我们的心灵,
启发我们的智慧,
引导我们进入更超脱的自由世界。

"禅"发源于东方,盛行于东方。但是现在,禅学不再只是东方的专利品,它在西方已引起普遍的重视。譬如美国很多大学里也设有禅堂,禅堂已不再为寺院所特有。甚至连航天员要登陆月球时,也要用禅的精神来训练。可见"禅"在现代世界里,占有相当的分量。

现在的社会到处烦乱,物质生活奢侈浮华;但是,有不少人却感到生活空虚,精神焦虑,苦痛倍增。所以,这个能解决生命问题,提高生命境界的禅学,在世界各地,引起知识分子和社会人士的重视。

"禅"可以开拓我们的心灵,启发我们的智慧,引导我们进入更超脱的自由世界。"禅"合乎真善美的条件,不过,禅不好讲、不能谈,也不易懂。禅是言语道断、不立文字的;是心行处灭,与思维言说的层次不同的。但是,"妙高顶上,不可言传;第二峰头,略容话会",为了介绍禅的境界,虽然不容易谈,仍然要借语言来说明。

一、禅的历史

"禅"是梵语"禅那"的简称,汉译为"静虑"。禅,充实宇宙,古今一如;禅,一如科学家牛顿发现地心引力,富兰克林发现电力,发现禅的是佛陀。

相传佛陀在灵山会上,拈花示众,默然不语。当时,百万人天不知其意,唯有大迦叶尊者会心微笑。佛陀当时就说:"吾有正法眼藏,涅槃妙心,实相无相,微妙法门,付嘱摩诃迦叶。"佛陀于是将法门付嘱大迦叶,禅宗就这样不须文字,不必语言,用以心印心的方法,传承下来。印度禅师代代相传,至第二十八祖菩提达摩于南朝梁武帝在位时来到中国。

梁武帝笃信佛法,曾经四次舍身同泰寺,布施天下僧众,造桥建庙,依常人眼光看,真是功德无量。但是达摩祖师却说他了无功德,因为从深一层面来说,梁武帝所得的只是人天果报,应属福德,并非功德。达摩祖师不得梁武帝的欣赏,因此转往嵩山五乳峰少林寺后的山洞中面壁九年。从这一段记载中,我们可以体会到禅的高妙,确实不能以一般的见解去论断的。像梁武帝的这种用心,只求为善得福,并不是禅宗的究竟目标,即使有所得,也是人天福报而已,在禅师的眼里,与开悟的道无关。

祖籍河南的二祖慧可,少年时就精通世学、博览群书,壮年在龙门香山出家,后入嵩山少林寺拜谒达摩,并请达摩祖师收他为入室弟子,却不得达摩应许。神光慧可于是不畏刺骨寒风、漫天飞雪,苦苦地在门外等候。过了很久,雪深及腰,慧可依然伫立不动,达摩见他确实真诚,便问他:"你不远千里到这里来的目的,究竟为了什么事?"

神光慧可答道:"弟子的心不安,乞请您帮弟子安心。"

达摩喝道:"将你的心拿来,我为你安。"

神光慧可愕然地说:"弟子找不到心。"

这时,达摩说道:"我已经为你安心了。"

神光慧可豁然大悟:啊!烦恼本空,罪业无体,识心寂灭,无妄想动念处,即是正觉,即是佛道。如果心领神会,佛性在当下便得开显。

二祖之后,禅法传僧璨、道信,至五祖弘忍。弘忍大师座下大弟子神秀博通三藏,教化四方,俨然已有五祖传人之态,受到众人拥护。这时却从南蛮之地,来了一个根性甚利的卢惠能,他虽目不识丁,但求法热忱,不落人后。

惠能初见五祖时,五祖曾试探他说:"南方人没有佛性。"

惠能答道:"人有南北的不同,佛性岂有南北之别?"

五祖经他一反驳,知道这人是顿根种性,非同凡人。为了考验惠能的心志、暂避众人耳目,就命他到柴房舂米。

后来,五祖令众弟子各举一偈,作为修证、见性与否的依据,若是见性,即得传法的衣钵。大众自认不如神秀,衣钵非神秀莫属,所以没有人敢与之竞争。

当时,神秀日夜思量,终于提出一偈:

  身是菩提树,心如明镜台;

  时时勤拂拭,勿使惹尘埃。

惠能在柴房里得悉此事,心想:我也来呈一偈如何?遂央人替他把偈语题在墙上：

菩提本无树，明镜亦非台；

本来无一物，何处惹尘埃。

五祖见了，知道惠能已经见性。为恐其招忌，乃着人将偈拭去，然后到柴房敲门，问道："米熟了没有？"

惠能答曰："早就熟了，就等着过筛了。"

五祖又在门上敲了三下，惠能会意，乃在半夜三更，到五祖座下，五祖传授他《金刚经》，至"应无所住而生其心"时，惠能顿然大悟。五祖将衣钵传他，并命他速速南行，等待时机。师徒两人来到河边，五祖欲亲自操桨送惠能过河。

惠能说："迷时师度，悟时自度。"便自行渡河到南方弘化，终成为震烁古今的六祖。而后，禅宗一花五叶蓬勃地流布人间，成为中国佛教的主流。

从这些历史记载，可知禅的风格确是相当独特的，所谓教外别传，不立文字，实是得其真机。但是由于禅门宗旨，并非人人能解，所以也常受人曲解。然而禅的机锋教化，都是明心见性之方，全是依人的本性而予以揭露。它的原则是建立在"众生皆有佛性，人人皆可成佛"的道理上。所以进一步言"放下屠刀、立地成佛"，但又有多少人能把握这一层的意义？梁武帝的希求人天福报，不就是典型的一例吗？至于怎样才能直探禅门本源？这就要靠众生求法的宏愿和实践了。

二、禅的内容

那么，禅是什么呢？据青原行思禅师说：禅就是我们的"心"。

这个心不是分别意识的心,而是指我们心灵深处的"真心",这颗真心超越一切有形的存在,却又呈现于宇宙万有之中。即使是看似平淡的日常生活,也到处充满了禅机。

唐朝的百丈禅师最提倡生活化的禅,他说挑柴担水、衣食住行,无一不是禅,所谓翠竹黄花,一切的生活都是禅。可见禅不是什么神秘的东西,禅是离不开生活的。

古今禅门公案皆是禅师考验或印证弟子悟道的对答,其实这种对答,就是一般人所谓的"考试"。不同的是,它是随各人的根性、时间、地点而变化,它没有明确的划一标准答案,也不是从思考理解得来的。所以,如果不是禅门的师徒,有时候很难明白其中的道理所在,而且,如果用常人的想法来推敲,往往会发觉"公案"之违背常理。

禅是离语言对待的,是不可说的,一说即不中。虽然,究竟的真理固然不可说,但是对一般人如果不说,岂不是永远无门可入吗?所以,禅宗的语录特别多,就是这个缘故。现就禅的内容特色列举几点,作为入门的契机。

(一) 禅与自我

在佛教的其他宗派中,有些是依他力的辅助始得成佛,而禅宗则是完全靠自我的力量。如净土法门持诵佛号,密宗持诵真言,都是祈请诸佛加被,配合自力而后得度。在禅门里有一警语"念佛一句,漱口三天",禅师们认为成佛见性是自家的事,靠别人帮忙是不可能得道的,唯有自己负责,自我努力才是最好的方法。心外求法,了不可得,本性风光,人人具足,反求内心,自能当下证得。

有人问赵州禅师:"怎样参禅才能悟道?"

赵州禅师听后,站起来说道:"我要去厕所小便。"

赵州禅师走了两步,停下来又说道:"你看,这么一点小事,也得我自己去!"

从前有父子两人,同是小偷,有一天,父亲带着儿子,同往一个地方作案,到那个地方时,父亲故意把儿子关在人家衣橱内,随后就大喊捉贼,自个儿却逃走了。儿子在情急之下,乃伪装老鼠叫声,才骗走了那家的主人,终于逃了出来。

当他见着父亲的时候,一直不停地抱怨。

父亲告诉他说:"这种功夫是在训练你的机智,看你应变的能力、偷的功夫,而这种应变的智力是要你自己掌握的,别人是没有办法帮得上忙的。"

这一则故事,虽然不一定是实有其事,但正可以比喻禅门的教学态度。禅师们常常将弟子逼到思想或意识领域的死角,然后要他们各觅生路。在这种情形之下,如果能够冲破这一关,则呈现眼前的是一片海阔天空,成佛见性就在此一举。"丈夫自有冲天志,不向如来行处行",这种披荆斩棘的创发宏愿,在禅门中可说是教学的基本宗旨。不要被别人牵着鼻子走,在修持上独立承担,自我追寻,自我完成,这是禅的最大特色。

(二) 禅与知识

禅不讲知识,因此,不受知识的障碍,并且视知识为最大的敌人。知识教人起分别心,在知识领域里,人们会因此迷失了自我,甚至为邪知邪见所掌握,形成危害众生的工具。所以,禅首先要求追寻自我,其过程和手段,往往不顺人情,不合知识,违反常理。

在禅师的心目中,花不一定是红的,柳不一定是绿的,他们从否定的层次去认识更深的境界;他们不用口舌之争,超越语言,因而有更丰富的人生境界。傅大士善慧说:"空手把锄头,步行骑水牛;人从桥上过,桥流水不流。"这是不合情理的描述语句,完全是与迷妄的分别意识挑战,以破除一般人对知识的执着。扫除迷妄分别的世界,使人进入一个更真、更美、更善的心灵境界。禅语是不合逻辑的,但他有更高的境界;禅语是不合情理的,但它有更深的含义。

六祖曾说:"我有一物,无头、无尾、无名、无字,此是何物?"

神会接口答道:"此是诸佛之本源,众生之佛性。"

六祖不以为然,明明告诉你无名无字,什么都不是了,偏偏你又要指一个名相(佛性)出来,这岂不是多余?禅的教学是绝对否定一般分别意识,不容许意识分别掺杂其中。

佛门中,被人赞美为知识广博的智闲禅师在参访药山禅师时,药山禅师问他:"什么是父母未生前的本来面目?"

智闲禅师愕然不能回答,于是尽焚藏经,到南阳耕种。有一天,当他在耕地时,锄头碰到石头,铿然一声,而告顿悟。"一击忘所知,更不假修持",这就是药山禅师不用知识来教授智闲禅师的原因。他要让智闲禅师放下一切知识文字的迷障,来返求自心。这种超然的教学,可以说是禅宗特有的。这在一般知识界里,简直是一件不可想象的事,此即禅的另一项特色。

(三) 禅与生活

人整天忙碌,为的是生活,为的是图己此身的温饱,可是这个

"身"是什么?

禅师说:"拖着死尸的是谁?"

这种问题,一般人是不容易体认得到的,人们辛苦地奔波,饱暖之外,又要求种种物欲。物质可以丰富生活,却也常会枯萎心灵;口腹之欲满足了,却往往闭锁了本具的智慧。人们的日常生活,在一种不自觉的意识下被向前推动着。善恶是非的标准,都是社会共同的决定,没有个人心智的真正自由;所以这一时代的人们,虽然拥有了前人所梦想不到的物质生活,却也失去了最宝贵的心灵自我,这是现代人类的悲剧。事实上,人们已逐渐地觉察到这一危机,曾设想了许多补救的办法,社会哲学家提出了改良的方案,虽有部分改善,但对整个泛滥的洪流,似乎仍无法完全解决。

禅,这个神妙的东西,一旦在生活中发挥功用,则活泼自然,不受欲念牵累,到处充满着生命力,正可以扭转现代人类生活的萎靡。

禅并不是放弃生活上的情趣,确切地说,它超越了这些五欲六尘,而企图获得更实在的和谐与寂静。一样的穿衣,一样的吃饭,有了禅,便能"任性逍遥,随缘放旷,但尽凡心,别无圣解"。有僧问道于赵州禅师,赵州回答他说:"吃茶去!"吃饭、洗钵、洒扫,无非是道,若能会得,当下即得解脱,何须另外用功?迷者口念,智者心行,向上一路,是圣凡相通的。禅,不是供我们谈论研究的,禅,是改善我们生活的,有了禅,就坐拥三千大千世界的富有生活!

(四) 禅与自然

禅,是自然而然,与大自然同在,禅并无隐藏任何东西。什么是道?"云在青天水在瓶"、"青青翠竹,无非般若;郁郁黄花,皆是妙谛"。用慧眼来看,大地万物皆是禅机,未悟道前看山是山,看水是水;悟道后,看山还是山,看水还是水。但是前后山水的内容不同了,悟道后的山水景物与我同在,和我一体,任我取用,物我合一,相入无碍,这种禅心是何等的超然。

"偶来松树下,高枕石头眠;山中无日月,寒尽不知年"、"溪声尽是广长舌,山色无非清净身",随地觅取,都是禅;一般人误以为禅机奥秘,深不可测、高不可攀,这是门外看禅的感觉,其实,禅本来就是自家风光,不假外求,自然中到处充斥,俯拾即是。

今天的人类,与自然站在对立的地位,人类破坏自然界的均衡,把自然生机摧残殆尽,日常生活的一切,靠人为的机械操纵,而渐渐走向僵化、机械化。这样生活下去,怎能感到和谐,怎能不产生空虚,而感到烦忧痛苦呢?"禅"就如山中的清泉,可以洗涤心灵的尘埃;禅,如天上的白云,任运逍遥,不滞不碍。

(五) 禅与幽默

悟道的禅师,不是如我们想象中一般的枯木死灰,真正的禅师,生活风趣,更具幽默感。在他们的心目中,大地充满了生机,众生具备了佛性,一切是那么活泼,那么自然,因此,纵横上下,随机应化,像春风甘霖一般地滋润世间;有时具威严,有时很幽默,这正是禅门教化的特色。

温州玄机比丘尼,参访雪峰禅师。雪峰禅师问她:"从何处来?"

"从大日山来。"

"日出了吗?"

"如果日出,早就溶却了雪峰。"(意思是说,如果我已悟道,那么盛名必定远远超过"雪峰",哪需向你请教?)

雪峰禅师又问:"叫什么名字?"

"玄机!"

"每日织布多少?"

"寸丝不挂。"

雪峰禅师心想,你真有这个本事吗?于是当玄机比丘尼身走出门时,雪峰禅师随口说道:"你的袈裟拖地了!"

玄机比丘尼一听,猛然回头,雪峰禅师大笑说:"好一个寸丝不挂!"

唐朝代宗时,权震当朝的宦官鱼朝恩,一日,问药山禅师:"《普门品》中说'黑风吹其船舫,漂堕罗刹鬼国',请问什么是黑风?"

禅师并未正面回答,只是不客气地直呼:"鱼朝恩!你这呆子,问这个问题要做什么?"鱼朝恩听了勃然变色,正要大怒,药山禅师笑道:"这就是黑风吹其船舫了。"

另外,灵训禅师参访归宗禅师,问道:"如何是佛?"

归宗禅师说:"不可告诉你,因为你不会相信。你如果相信我说的话,过来我这儿,我告诉你……"

然后他细声贴耳地告诉灵训禅师:"你就是佛。"

从这些公案,可以看出禅师弘化教导的手段是何等的幽默!

学禅,要有悟性,要有灵巧,明白一点说,就是要有幽默感。古来的禅师,没有一个不是幽默大师,在幽默里,禅多么活泼!禅多么睿智!

三、禅的运用

现代人常常把心灵和外界对立起来,生活因而变成一种负担与累赘,因此不能从生活上去掌握那充满趣味的禅机。但是禅师们非常幽默风趣,他们在简单的几句话中,就能把我们的烦忧净化,引导我们走入纯正喜乐的世界,仿佛一部大机器,只须用手轻轻一按,开关就可以发动,并不需要繁杂的知识程序,也不用重叠的思考架构,禅就是活泼、充满生机的生活境界。

禅对我们有什么用处呢?禅运用到生活上,不但可以提高生活的艺术,扩展胸襟,充实生命,并且可以使人格升华,道德完成,到达"于生死岸头得大自在"的境界。禅既是对人生有至深且巨的关系,但是禅师们所开出的究竟是什么妙方呢?透过语言文字又如何去了解禅的妙趣呢?

(一) 有与无

在我们的观念中,对一切的存在总以为都可以用名词来分别,并且轻易地就落入二元对待的关系中。事实上,心灵的内容,往往无法断然地加以绝对二分。譬如"有"、"无"两者,一般人的理念就是截然相对立的两种意义,若有即非无,若无即非有,"有"、"无"不能并存。可是在思想心灵的状态中,亦有亦无,非有非无,仍然是一种存在。

而禅师的言行,是超越了平常概念的有、无,是包融了相对的有、无,是完成了另一"有"、"无"的世界,我们若用一般知见去把握它,仿佛雾里看花,无法了解它的真实意义。禅家的意境如果仅止于"有"这一层,终非上乘,经过了无心、无为、"无"的境界,才能与"空"的第一义相契合,才是究竟之道,这就是禅与一般见解不同的地方。也唯有超越了"有"和"无"才能到达最高的禅心,才能真正获得禅的妙谛。

有一次,慧嵬禅师在山洞内坐禅,来了一名无头鬼想要吓走禅师,慧嵬禅师见状,面不改色地对无头鬼说:"你没有头,不会头疼,真是舒服啊!"无头鬼听后,顿时消失无踪。有时,无体鬼、无口鬼、无眼鬼……出现,慧嵬禅师总是慈悲地称羡他们,不会为五脏六腑的疾病所苦;没有口,就不会恶口造业;没有眼,可免得乱看心烦……

禅师们的见解与常人迥然不同,他们能将残缺视为福,能够转迷为悟。

再举一件公案——有一天,有人问赵州禅师:"何谓赵州?"

禅师回答说:"东门、南门、西门、北门。"

禅师的回答乍看之下,似乎是风马牛不相及,答非所问,事实上,这四门的回答是双关语,说明了赵州的禅是四通八达,任运无碍,并不局限于一门,禅的境界是不受空间所限制的。

《从容录》记载,有一位出家人问赵州禅师:"狗有没有佛性?"

赵州说:"有。"

另外一个人再问:"狗有无佛性?"

赵州却说:"无。"

赵州禅师对同一个问题,有着两种截然不同的回答,如果从世俗的概念、立场来衡量,岂不是前后矛盾而不通?其实禅师这种回答是一种活泼的教育方式。他说有,是指狗有成佛的可能性;他说无,是因为狗有业识,尚未成佛。对一个问题的回答,要看问者的来意、境界,而给予不同的点拨与启迪。

梁武帝是中国历史上护持佛教的君王中的楷模。他在位的时候,曾经广建寺庙及佛像,修造桥梁道路,福利百姓。当时,菩提达摩祖师从天竺到中国弘法,梁武帝礼请大师,并且问道:"我所做的这些佛教事业有无功德?"

达摩祖师说:"并无功德。"

梁武帝被泼了一盆冷水,心想我如此辛劳,怎么会毫无功德?所以,他对达摩祖师的回答,并不满意,也因不相应而无法契入。

在禅的立场看,达摩祖师所说,正是直心之言。事实上,梁武帝的善行,岂是毫无功德?禅师所说的并无功德,是说明在禅师的内心,并不存在一般经验界"有"、"无"对立的观念,我们唯有通过对"有"、"无"对立的妄执,才能透视诸法"是无是有,非无非有,是可有是可无,是本有是本无"的实相。这种超越向上,是禅必经的途径;这种境界,也才是禅的本来面目。平常我们对现象界的认识,总是止于一般感官分别的看法,譬如我们仰观一座山峦,俯瞰一条溪水,觉得它就是高高的山,潺潺的水,这时候"看山是山,看水是水",是流于"心随境转"的纷逐。等到修禅有得,心境清清朗朗,一切假有,在心境上无所遁形,这个时候,"见山不是山,见水不是水",观照到诸法虚妄不毕竟空。进而完全开悟之后,这"是"与"不是"、"心"与"物"等一切的对立,在禅师的心中,已经合而为一。

因此,真俗可以兼蓄,理事可以圆融,这时"看山还是山,看水还是水"。禅心与物境融摄无碍,大千世界充满无限美好的风光,涓涓的溪水是诸佛说法的妙音,青青的山岗是诸佛清净的法身。

泯除了经验界"有"、"无"的对立之后,禅的世界是多么的辽阔啊!

(二) 动与静

佛教最根本的教义是三法印:"诸行无常"、"诸法无我"、"涅槃寂静"。学佛最终的目的,就是要到达"寂静"的涅槃境地。

这个"涅槃寂静"有别于一般的动静。平常我们说这件东西是动的,那件东西是静的,那是因为我们的意识起一种活动,对万法起一种追逐,于是才使现象纷扰现前,才使万事错综显现。事实上,事物本身并没有动静的差别,我们说它是"动的"、"静的",那是我们起心动念所起的一种妄执,如果我们能够除去自我的执着,此心寂静,不再造作,则一切将显得极其和谐。下面的公案可以说明这个道理:

六祖惠能大师得到衣钵之后,在广州隐居了十几年。后来因为机缘成熟,开始行化于世间。有一天,途经法性寺,看到两位出家人对着一面旗子,面红耳赤争论不休。六祖上前一听,才知道两人在争论旗幡飘动的原因。一位说:"如果没有风,幡怎么会动呢?所以是风在动。"另一位则说:"没有幡动,又怎么知道风在动呢?所以应该是幡在动。"

两人各执一词,互不相让。惠能大师听了,就对他们说:"二位请别吵!其实不是风在动,也不是幡在动,而是两位仁者的心在动啊!"

从这则公案可以看出禅师们对外境的观点,完全是返求自心,而不是滞留在事物的表象上面,现象的存在是片面的,其所以有分别,是因为我们的起心动念。心静则万物莫不自得,心动则事象差别现前,因此要达到动静一如的境界,其关键就在吾人的心是否已经去除差别妄逐,证得寂静。

唐宪宗是个信佛很虔诚的君主,派人到凤翔迎请佛骨(舍利),韩愈上表谏言阻止,宪宗大怒,把他贬至潮州为刺史。

当时潮州地处南荒,文教不盛,想要参学问道非常困难,但是这里却隐居着一位学养、功行非常高妙的大颠禅师,深为当地人所敬仰。

韩愈以大唐儒者自居,哪里看得起大颠禅师。但是这里除了禅师之外,很难找到学士文人可以论道,韩愈于是抱着无奈、挑战的心情去拜访禅师。韩愈到的时候,大颠禅师正在闭目静坐,韩愈慑于禅师的威德,不自觉地,恭敬地站立在一旁等待,过了很久,禅师却仍然一无动静,韩愈心中渐感不耐。这时,站立在禅师身旁的弟子,开口对师父说:"先以定动,后以智拔。"

这句话表面上像是对禅师说的,其实是在启示韩愈:禅师此刻的静坐是无言之教,也是在考验你的定力,然后再用言语智慧来拔除你的贡高我慢。

这时韩愈才恍然大悟,敬佩大颠禅师的学养,认为禅师的道行确实高妙。后来他和大颠禅师成为至交道友,而留下许多千古美谈。

由上述的公案,我们可以了解动与静在禅师的心境是合一的,实践在教化上则是圆融无碍的。禅师教化人有时不发一语,有时做狮子吼。禅师一言半语的提携,一棒一喝的进逼,一进一退的表扬,一问一答的发明,一颦一笑的美妙,一茶一饭的启导,甚至一扬眉一瞬目,一竖指一垂足,在一动一静之中,无不充满了禅机,无不焕发着禅味。在我们的常识经验里,"动"、"静"是截然不同的两种状况,但是透过禅定所证得的动与静,是合一的,是自如的。

(三) 行与解

有人说:佛学是哲学。这是从知识的立场而说。不错,佛学的确有非常严密的哲学理论,但是佛学真正的特质却是"实践",从修行上去体证真理。

如果只在纯粹理论上来建立佛学的体系,那么佛学将失去它的真精神,与哲学又有什么差别?佛学不仅具有哲学的内容,更有宗教上的体证,佛学高妙的教理,无非是为了契入真理,方便实践。若只是知识上的谈玄说妙,佛学认为是戏论,应该扬弃。所以佛学不可当作哲学来看待,把佛学当作哲学,永远把握不到佛学的精妙。佛学提倡解行并重,尤其是禅,更注重实践的功夫。

禅门中,修证是各人自己的事,修得一分,就真正体验一分。如果只是在理论上说食数宝,或只是一味地人云亦云,是不会有效果的。唯有透过实践,才不失去佛教的真实意义,才能把握到禅的风光。譬如牵引一匹饥渴的马,到水源处喝水,如果这匹马不张嘴,只有饥渴而死。同样地,三藏十二部经典只是指引我们通往真理的罗盘,我们"如是知"之后,就要"如是行",才能喝到甘露法水。所以说:"如人饮水,冷暖自知。"要了解什么是佛法,什么是禅,唯有亲自去参证,实际去修行,别人绝对无法如实地告诉你。

那么禅师如何去参证?如何去修行呢?唯有从生活中去参证,在大众中去修行。古德说:搬柴运水,无非是禅。在每一个人的生活里面,穿衣吃饭可以参禅,走路睡觉可以参禅,甚至于上厕所都可以参禅。

譬如《金刚经》描写佛陀穿衣、持钵、乞食的般若生活风光，一样是穿衣吃饭，但是有了禅悟，一个觉者的生活，其意义与境界，和凡夫就截然不同。所以说：佛法不离世间法。

平时我们总有一种错觉，以为修禅一定要到深山老林里才能证悟，实际上，修禅并不需要离开团体、离开大众，独自到深山古寺去苦参，禅与世间并不脱节，"参禅何须山水地，灭却心头火自凉"，只要把心头的瞋恨怒火熄灭，何处不是清凉的山水地呢？热闹场中也可以做道场。

事实上，如果我们对佛教的道理，有了透彻的了解，依此教理去实践，更能收到事半功倍的效果。譬如佛教的中心义理为"缘起"，天地间一切的存在，都是由因缘相依相辅而成，因缘和合则万法生成，因缘离散则万法消失。天地间没有一个创世主，任何事物都可以运用人为力量加以促成和防止。

由缘起的法则，让我们推论到众生平等，皆具佛性。人人都有成佛的可能，这种成佛的可能与过程，完全是一种自我磨炼与创造，由自我的行为来决定自己的未来；所以，能够把握到佛教的教理，则人生是奋发上进的。

由缘起的法则，让我们推论到宇宙是一个和谐的整体，一切差别的万事万象，是相即相入，互依互存的。人与人之间的关系也是相互的，这种理论应用在日常生活中，以自我为中心的利己主义是不正确的，你我的分别是不对的，动静、是非等对立是可以泯除的。如果我们能够透过知解，体证到这种无尽缘起的道理，那么互助互爱都来不及，哪里还会有你我的争执呢？

因此我们对于"解"、"行"不可偏废一方，好比做事，如果能够运用双手，事情可以进行得更顺利。我们应该从"解"中去认识万法的事相，从"行"中去印证万法的实相。

（四）净与秽

自然的事物本来没有净秽、美丑之分，这种分别是我们主观的好恶所引发出来的。《维摩诘经》说："随其心净，则国土净。"我们的心被五尘所染，迷惑于物象，不能见到万法的清净自性；而开悟的禅师，他们的心一片光明，毫无挂碍，所以静观万物莫不自得。在禅师的心中，善恶、美丑、是非、对错都消失了，他的心是佛心，佛心就是他的心，他们眼中的世界是清净的佛土，而凡夫眼中的世界是肮脏的粪土。譬如佛印禅师心中清净，所以他观苏东坡好比佛菩萨一般的庄严；而苏东坡心境迷糊，所以他看禅师好比一堆牛粪般的污秽。禅的境界是不能伪装的，也不是在口舌上逞强占便宜的。

我们常人通常喜欢清洁，讲究环境卫生，但是禅的世界，并不一定如此。所谓"净除其心如虚空，令其所向皆无碍"。禅师们的心扫荡了清净与垢秽的对待，无论清净也好，垢秽也好，一起超越，一起消除，并不是用一般常识来分别净秽。下面我举一件非常有趣的公案：

有一次，赵州禅师和弟子文偃禅师打赌，谁能够把自己比喻成最下贱的东西，谁就胜利。

赵州禅师说："我是一只驴子。"

文偃禅师接着说："我是驴子的屁股。"

赵州禅师又说："我是屁股中的粪。"

文偃禅师不落后说："我是粪里的蛆。"

赵州禅师无法再比喻下去，反问说："你在粪中做什么？"

文偃禅师回答说："我在避暑乘凉啊！"

我们认为最污秽的地方，禅师却能逍遥自在。因为他们的心洁净无比，纤尘不染，所以任何地方都是清净国土，住在任何地方都可以解脱。

有一天，一休禅师带领徒弟拜访同道。途中经过一条大河，水势汹涌。岸旁有一女子裹足不敢前进，一休禅师很慈悲地把这位女子背负过河。事后，禅师就忘记了这件事情，但是徒弟始终挂碍在心中。有一天，徒弟实在忍耐不住，于是向师父请示说："师父慈悲，弟子有一件事，几个月来无法释怀，请师父开示。"

一休禅师说："什么事呢？"

徒弟说："平时师父教诲我们要远离女色，但是几个月前，师父自己却亲自背负女子过河，这是什么道理呢？"

一休禅师一听，拍额惊叹说："啊！好可怜呀！我只不过把那女子从河的这一边背到对岸，而你却在心中背负了好几个月，你太辛苦啦！"

从这则公案，我们知道禅师的心境是磊落坦荡的，是提得起、放得下的。古人说："君子坦荡荡，小人长戚戚。"在禅师的心目中，没有净秽，没有男女的差别，甚至为了救拔众生的苦难，不计净秽，地狱中的粪汤尿池也要前往的；为了拯救众生的痴迷，不辞毁誉，如妓户般龌龊的地方，也要投入。因为在禅师们的心中，了解到心、佛、众生三无差别的平等道理，因此没有人我、净秽、男女的妄别，一切的清净、垢秽，都已经能够超然不染。

四、禅的实践

禅诗有云:"达摩西来一字无,全凭心地用功夫;若要纸上谈人我,笔影蘸干洞庭湖。"禅是需要去实践的,而不是在嘴上谈论的,古代禅师的棒喝,是在教禅;禅者的扬眉瞬目,是在论禅;一日不作,一日不食,是在参禅;赵州八十行脚,是在修禅。这些典型,都留给后人很大启示,现分叙几点,让大家透过这些方法,真实去力行,与禅心相应。

(一) 用疑探禅

世界上大部分宗教,重视的是信仰,而且不可以用怀疑的态度探究教义,但是修禅在入门时,首先需提起的便是疑情。尤其禅门,更是要有大疑,才能大悟,若是没有疑情,则无所用心,绝不会有开悟的时候。疑情不破,要如临深渊,如履薄冰。毫厘失念,一切结果就不是那么一回事。故先提起疑情,再破疑情,就能彻悟禅的真谛了,"如何是祖师西来大意?""什么是父母未生前的本来面目?""万法归一,一归何处?""念佛是谁?"……这些问题,并不是要学禅的人去找资料写论文,它只不过是要提起禅和子的疑情而已。

(二) 用思参禅

疑情起了以后,要进一步用心去参,所谓迷者枯坐,智者用心。用心是随时随地,用全副精神去参,并不是在打坐时才用心参禅,这么追本溯源的怀疑下去,追问下去,一直到打破砂锅问到底,则豁然大悟。这种开悟的境界很难用语言文字加以描述,就如念佛法门不用思想，只要专心一念，念持佛号。而禅门所设的"公案"、"话头"，都是为了让参禅者提起疑情而设的，用疑来启悟，让修禅的人，努力去参究，等到机缘成熟，自然能发出悟道的火光！

（三）用问学禅

在参究话头中，最重要的就是要追问下去，好比擒贼穷追不放，自然能抓到头目，获得开悟。或者师徒之间的相互问答，也能够触发禅机，自己参禅时，也可一直追问下去。例如问念佛是谁？是心念吗？心又是谁呢？如果心是我，那念佛的口就不是我了？如果说口是我，则礼佛的身就不是我了？你说身也是我，则瞻望佛像的眼就不是我了？如果这样追问下去，眼也是我，口也是我，身也是我，心也是我，那究竟有几个我呢？……如此追"问"下去，必能入禅。

（四）用证悟禅

禅，虽然从"疑"、"思"、"问"入手，但是最后的一关，也是最重要的一关，仍然需要我们亲自去体证。禅，不是口上说，不是心里思，不是意中想，而是这一切的完全放下。那时候的境界是语言所无法表达的，好比我们饮水，自知冷暖。这"疑"、"思"、"问"所得到的禅意，好比初一微明的月牙，而实证所得到的禅意，好比十五皎洁无亏的月亮，通体光明。从这方面看，禅是"言语道断"、"心行处灭"的超越世界。

用疑心参禅，用体会参禅，用问道参禅，终不及用平常心参禅。我们在世间生活，其实均在矛盾妄想之中，所谓随生死之流而不息,如能明白洞水逆流,那即是平常显现,千疑万问,倒不如持有一颗平常心。

总之,流动的溪水,是禅的音声;青青的杨柳,是禅的颜色;莲花的心蕊,是禅的心。禅最直接的方式,就是从生活上去实践,衣食住行处寻个着落。可以说,一屈指,一拂袖,上座下座,无一不是禅。

1976 年 10 月讲于高雄师范学院

禅与文人

佛法丰富了文人的生命,开拓了文学的新面貌,
而文人学佛则助长了佛法的宣扬,两者相得益彰。

禅,虽然发源于印度,然而传到中国之后,和中国文化相互融合,因此开出了旷古的奇葩,获得文人学士的喜爱。在历代文人中,有许多位和佛教结下不解之缘,在此列举几位一般人比较熟悉的文人学士来作说明:

一、鸟窠禅师与白居易

杭州西湖喜鹊寺鸟窠禅师,本名道林,谥号圆修。9岁落发出家,21岁到荆州果愿寺受具足戒,后来入陕西投韬光禅师门下。多年后,道林座下收了一位侍者叫会通,会通虽出家日久,始终不能开悟。有一天,他向鸟窠道林禅师辞行,请求离去。禅师问他要去哪里?

会通回答:"往诸方学佛法去。"

道林禅师说:"若是佛法,吾此间亦有一些。"于是拈起身上的

布毛吹了一吹,侍者会通就这样开悟了,因此世称会通为"布毛侍者"。

道不在遐,道就在自家心地上用功夫。根据《五灯会元》记载:道林禅师后来独自到秦望山,在一棵枝叶茂盛,盘曲如盖的松树上栖止修行,好像小鸟在树上结巢一样,所以当时的人称他为鸟窠禅师。由于禅师道行深厚,时常有人来请教佛法。

有一天,大文豪白居易来到树下拜访禅师,他看到禅师端坐在摇摇欲坠的鹊巢边上,说道:"禅师住在树上,太危险了!"

禅师回答:"太守,你的处境才非常危险,我坐在树上倒一点也不危险。"

白居易听了不以为然地说:"下官是当朝重要官员,有什么危险呢?"

禅师说:"薪火相交,纵性不停,怎能说不危险呢?"

意思是说,官场浮沉,钩心斗角,危险就在眼前。白居易似乎有些领悟,转个话题又问道:"如何是佛法大意?"

禅师回答:"诸恶莫作,众善奉行,自净其意,是诸佛教。"

白居易听了很失望,他以为禅师会开示什么深奥的道理,便说:"这是三岁孩儿也知道的道理。"

禅师道:"三岁孩儿虽道得,八十老翁行不得。"

白居易听了禅师的话,完全改变他那自高自大的傲慢态度。有一次白居易又以偈语请教禅师:

　　　特入空门问苦空,敢将禅事问禅翁;
　　　为当梦是浮生事?为复浮生是梦中?

禅师也以偈回答:

来时无迹去无踪,去与来时事一同;

何须更问浮生事,只此浮生是梦中。

人生如幻如化,短暂如朝露,但是如果体悟到"无生"的道理,超越时间"去"、"来"的限制,生命就能在无尽的空间中不断地绵延扩展,不生亦不灭。白居易聆听禅师的开示之后,深感敬佩,于是皈依禅师,作礼而退。

我们从白居易与鸟窠禅师的对话中,了解禅机的洒脱生动,禅并不重视知识和口舌的争胜,而重在知行合一,甚至认为行比知更重要。禅师就是以这样的立场来参究佛法,所以说八十老翁虽然人生阅历丰富,如果不躬身去实践,即使熟读三藏十二部,仍然不能了解佛法的真谛。

白居易从佛法中找到安身立命的所在,成为佛教的信徒,遍访名山高僧,晚年更是尽遣姬妾,经年素食,并且舍自宅为香山寺,自号为香山居士,尤其醉心于念佛,时常行文表达他信佛有得的心境,譬如他的香山寺一诗:"爱风岩上攀松盖,恋月潭边坐石棱;且共云泉结缘境,他日当做此山僧。"诗中充满悠闲、飘游的意境,这种白云水月共来往的生活,能让人不再为世俗繁华所羁累,自由自在地生活在禅的世界中。

二、明教禅师与欧阳修

宋朝杭州佛日契嵩禅师,7岁出家,19岁遍参善知识,得法于洞山禅师,为青原禅师门下第10世弟子。禅师道心坚定,精进修行,每天夜晚,头上必顶戴着观音圣像,口中诵念观音圣号满10万声,才肯入室就寝。多年以来,从无间断,因此宿慧大开,经书章句无不通解。曾著《原教论》10万余言，反驳崇拜韩愈、主张废佛的文士之流。又撰写《辅教编》，深得仁宗赞叹，宠赐封号为"明教大师"。

当时理学兴盛，一代硕儒欧阳修以儒家的立场，著《本论》诽谤佛法，并且蔚为风气，获得多人响应。明教禅师于是针对时弊，倡导儒、释、道三教思想一贯，著《辅教编》加以辩正。欧阳修看到此书之后，完全改变以往错误的观念，说："我连佛教经典中只有260字的《心经》，都未明其义理，还谈什么佛法？"并且赞叹大师道："不意僧中有此龙象。"第二天一大早，欧阳修就整肃衣装去拜见明教禅师，请求开示，与禅师共语终日。

欧阳修在明教禅师处得到开示之后，从此对佛教有截然不同的体认，经常到名山宝刹去参访。有一次游庐山，礼拜祖印禅师，禅师引用百家之说来启迪欧阳修对佛法的认识，使欧阳修肃然起敬，大有省悟，对过去自己的狂妄谢罪道："余旧著《本论》，孜孜以毁佛法为务，诚不知天地之广大，不知佛法之奥妙，更不知佛之为圣者，今胸中已释然矣！"于是信仰佛教，自称为六一居士，时常行文劝善，与佛门高僧来往甚欢，成为当时文坛的佳话。

又有一次，欧阳修到嵩山去游玩，看到一位老和尚独自在阅读经典，不喜欢与人交谈，他心中很好奇，上前请教："禅师住在此山多久了？"

老僧回答："非常久了。"

"平日都诵读什么经典？"

"《法华经》。"

"古代高僧，临命终时，能够预知时至，谈笑自若，生死自如，这是什么原因?"欧阳修紧握良机问道。

"这是定慧的力量。"

"现代的人寂寥无几,又是什么原因呢?"

"古德念念皆在定慧,临终哪会散乱?今人念念皆在散乱,临终哪会有定慧?"

欧阳修听了这话以后,恍然有悟,于是走近禅师座前,再三顶礼,感谢他的开示,解去了胸中的疑团。唐宋八大家之一的宿儒欧阳修能以当朝参知政事之尊,以学贯翰林之誉,笃信佛教,那是因为佛教使他了解生命的含义,解除他对人生的迷惑,让他在佛法里找到自己的安止处。

三、大颠禅师与韩愈

历代排佛最坚决的韩愈与佛教也有一段因缘——

唐朝是佛教最兴盛的时代,朝廷上下非常护持佛教。韩愈看到当时儒学衰微,为佛家所代替,于是以儒家道统自居,自比为孟子之拒杨墨,以尊儒排佛为己任。当时,唐宪宗非常崇信佛法,迎接佛舍利入宫殿供养。有一天,殿中夜放光明,早朝时群臣都向皇帝祝贺,只有韩愈不贺,还说:"此光是神龙护卫之光也,非佛之光。"并呈《谏迎佛骨表》,斥佛为夷狄,因此触怒了对佛教虔诚信仰的皇帝,被贬到潮州当刺史,在此遇到大颠禅师,留下禅门一段美谈。

潮州地处南荒,文化未开,大颠禅师道行超迈,深为大众所推崇。韩愈耳闻此地有一高僧,有一天,抱着问难的心情去拜访大颠禅师。此时,正当禅师入定坐禅,不好上前问话,因此,苦等了很久,侍者看出韩愈的不耐烦,遂上前用引磬在禅师的耳边敲了三下,轻声对禅师说道:"先以定动,后以智拔。"

侍者的意思是说,你的禅定已打动了韩愈傲慢的心,现在应该用智慧来拔除他的执着了。韩愈在旁边听了侍者的话后,立刻行礼告退,他说:"幸于侍者口边得个消息。"

这一次韩愈不请开示了。

时隔不久,韩愈仍觉得心中疑团不解,又拜访大颠禅师,问道:"请问和尚春秋多少?"

禅师手拈着念珠回答说:"会么?"

韩愈不解其意说:"不会!"

"昼夜一百八。"

韩愈仍然不能明了其中的含意,第二天再来请教。当他走到门口时,看到一位小沙弥,上前问道:"和尚春秋有多少?"小沙弥闭口不答,却扣齿三下,韩愈如堕五里雾中,又进入谒见大颠禅师,请求开示,禅师也同样扣齿三下,韩愈方才若有所悟地说:"原来佛法无两般,都是一样的。"

这则公案是什么意思呢?韩愈问春秋有多少,是立足于常识经验,对时间想作一番计算。事实上,时间轮转不停,无始无终,哪里可以谈多少?在无限的时间、空间中,生命不断地轮回,叩齿三下,表示在无尽的生命中,我们不应只逞口舌之能,除了语言、文字之外,我们应该实际去体证佛法,认识自己无限的生命,见到自己本来的面目,寻找三千大千世界中的永恒性。

一向对佛教桀骜不友善的韩愈,受到大颠禅师的教化,从此对佛教一改过去的态度,对佛教能够站在"同情"的立场,给予客观的

评断,并且和大颠禅师相交甚好,其往来问答的公案很多,临别潮州时,曾经赠送禅师诗句说:

吏部文章日月光,平生忠义着南荒;

肯因一转山僧话,换却从来铁心肠。

宋代的黄鲁直也曾说:"退之见大颠后,作文理胜,而排佛之辞为之沮。"佛法感人力量之深入,移情化性之真切,虽顽石也会点头,更何况是一代古文大家的韩昌黎!

四、药山禅师与李翱

药山禅师俗姓韩,唐澧州人,少年敏俊超群,素怀大志,曾说:"大丈夫当有圣贤志,焉能屑细行于布巾邪?"遂舍弃世俗,投石头禅师门下,因住在药山而闻名遐迩。

当时,名学者李翱久慕禅师德行高远,恭敬地邀请禅师到家中供养,但是屡次邀请,禅师都不去应供,于是李翱亲自入山拜访禅师。刚好遇见禅师坐在山边树下看经。侍者看见大名鼎鼎的李翱来了,赶快上前说:"师父,太守来了!"但是药山禅师听了,仍然纹丝不动,照常看经,并不理会李翱。

李翱慑于禅师的威仪,毕恭毕敬地站在一旁等待了好久,禅师一直毫无动静,最后实在不能忍耐了,就愤愤地说:"见面不如闻名。"意思是说,我仰慕你药山禅师的名声,特地来拜访你,想不到也不过是拒人于千里之外、虚有其名的禅师罢了,说完话怏怏不乐地举步就要离开。这时,药山禅师却开口说话了:"何必贵耳贱目?"意思是告诉李翱,为什么耳朵所听的就以为了不起,而自己眼睛所看的反而认为没有价值,兴起虚妄差别呢?

李翱毕竟是一位知书达礼的文人,听了禅师的话,马上拱手道歉,并虚心请教禅师:"如何是道?"

药山禅师以手往上一指,又往下一指说:"懂吗?"

"不懂!"

禅师再说:"云在青天水在瓶。"

于是李翱欣然有得,回去后,做了一首诗偈:

　　练得身形似鹤形,千株松下两函经;
　　我来问道无余说,云在青天水在瓶。

赞叹药山禅师行解合一,心中坦荡荡,已见自性本源。

李翱闻法后,甚为欣喜,又问禅师:"什么是戒定慧?"禅师却泼了他一盆冷水说:"我这里没有这许多闲家具。"三学戒定慧本来是佛法的纲要,每个人都要奉行不违,但是禅宗的特色,是不立文字,直指人心,见性成佛,对于烦琐的名相是不重视的。禅师为了破除李翱的执着,否定三学的名相,要他直接从本性上去着手。

药山禅师接着又告诉李翱:"高高山顶立,深深海底行。"意思是说一个人要有清高的修持,也要有随和入世度众的方便,这样才不偏废一边,才能把握中道。然而李翱还是未能参透,他向禅师说:"闺阁(私心)中物舍不得。"心中仍然有挂碍,不能超然尘外。

唐朝名诗人李商隐因此作诗评李翱悟性不高:

　　云在青天水在瓶,眼光随指落深坑;
　　溪花不耐风霜苦,说甚山高海底行。

可见禅师的悟境,并不是常人所能轻易理会得到的。以李翱的聪明博学,都无法窥见药山禅师的功行,更何况一般凡夫俗子?禅悟原是脱胎换骨的境界,不是有限的语言所能说明,也不是有形的现象所能诠释的,如果以常识的妄执去知解禅境,彷佛雾里看花,无法参透禅的本来面貌,要了解禅的境界,必须具备实际禅定的功夫。

五、圆通秀禅师与黄庭坚

黄庭坚,字鲁直,宋代文学大家,自号山谷居士,擅于诗词文章,尤好作艳词,为时人所传诵。

有一天,黄庭坚来拜访圆通秀禅师,禅师正色对他说:"你的文章虽然辞藻华美,但难道你只甘于做这种惑人耳目的文章吗?"

当时有一位擅长画马的画家李伯时,每天念念于揣摩马态,禅师深怕他命终之后将投生马胎,因此特别给予告诫,从此李伯时收拾画笔,不再画马。圆通秀禅师也以这件事来劝诫黄庭坚,黄庭坚笑着说:"难道你也要告诉我,他日恐会投胎马腹之中吗?"

圆通秀禅师呵斥:"你以绮语拨动天下人的淫心,只怕将来要堕入地狱泥犁中,而不只是投生牛胎马腹而已呢!"

黄庭坚一听,幡然悔悟,立即忏悔谢罪。后来又经灵源清禅师等善知识的激励,终于尽摒旧习,锐志学佛,发愿戒绝酒、肉、淫欲。曾做一首诗:

我肉众生肉,名殊体不殊;
原同一种性,只是别形躯。
苦恼从他受,甘肥为我须;
莫教阎老断,自揣应如何。

这首诗中充满了护生的观念,意思是说,我与众生的地位、名称虽然不同,其实一样的,人人有个真如自性,只不过在转世投胎的时候,应机随报而各自成为人、羊、牛……躯壳不同而已。如果只为了满足自己的口腹之欲,而不顾众生的痛苦,那么,不必等到阎罗王来审判,我们自己扪心自问:这样对待众生是不是公平呢?可见如是因,如是果,造什么业障,受什么果报,这是分毫不变的。

六、佛印禅师与苏东坡

佛印了元禅师,俗姓林,宋朝江西人,书香世家。诞生时,祥光通照,天资聪颖,3岁能诵读《论语》,5岁能诵诗3000首。长大后博览世典,精通五经,乡里称他为"神童"。后来志慕般若空宗,礼日用禅师学习《法华经》。更游方到庐山,访居讷禅师,承嗣其法,驻锡在云居山。

当时信仰佛教的文人雅士非常多,缁俗往来公案更是不胜枚举,其中最为人所乐道的,当推佛印禅师和苏东坡之间的故事。苏东坡为文坛巨匠,诗、书、琴、艺无不精通,学佛多年,悟性甚高,颇能领会佛法妙谛。苏东坡和佛门高僧多有往来,尤其和佛印禅师,过从更是密切。

有一天,佛印禅师将要登坛说法,苏东坡闻说赶来的时候,已经坐满人众,没有空位了。禅师看到苏东坡就说:"人都坐满了,此间已无学士坐处。"

苏东坡一向好禅,马上机锋相对回答禅师:"既然无坐处,我就以禅师四大五蕴之身为座。"禅师看到苏东坡和他论禅,便说:"学士,我有一个问题问你,如果你回答得出来,那么老和尚我的身体就当你的座位;如果你回答不出来,那么你身上的玉带就要留下来。"苏东坡一向自命不凡,以为定胜无疑,便答应了。

佛印禅师就说:"四大本空,五蕴非有,请问学士要坐在哪里呢?"苏东坡为之语塞。因为我们的色身是四大假合,没有一样实在,不能安坐于此,玉带就因此输给佛印禅师。苏东坡当时还为这件公案写了一首诗偈:

百千灯作一灯光,尽是恒沙妙法王;
是故东坡不敢惜,借君四大作禅床。
病骨难堪玉带围,钝根仍落箭锋机;
会当乞食歌姬院,夺得云山旧衲衣。

佛印禅师更有谢偈一首:

石霜夺取裴休笏,三百年来众口夸;
争似苏公留玉带,长和明月共无瑕。

这件事情一时传为美谈,千百年来一直为人所传颂。

又有一次,苏东坡去见佛印禅师,并且事先写信给禅师,叫禅师如赵州禅师迎接赵王一般,不必出来迎接。这件有名的公案是这样——

赵州禅师德高望重,赵王非常尊敬禅师。有一天,赵王亲自上山参见禅师,赵州禅师不但没有出门迎接,还睡在床上不起来,禅师对赵王说:"对不起,出家人素食,力气不足,加之我年老了,所以才睡在床上见您。"

赵王听了不但毫无愠色,反而更加恭敬,觉得禅师是一位慈祥的长老,回去之后,为了表达内心的敬仰,马上派遣一位将军送礼给禅师。禅师听到将军送礼物来了,赶忙披袈裟到门口去迎接。徒弟们看到禅师的行径感到莫名其妙,就问道:"刚才赵王来,师父睡在床上不迎接,他的部下来了,反而到门口去迎接,这是什么道理呢?"

赵州禅师说:"你们不懂,我接待上等宾客是躺在床上,用本来面目和他相见;次一等的客人,我就坐起来接见;对待更次等的客人时,我就用世间俗套出门来迎接。"

苏东坡自以为了解禅的妙趣,佛印禅师应该以最上乘的礼来接他——不接而接。可是,却看到佛印禅师跑出寺门来迎接,终于抓住取笑禅师的机会,说道:"你的道行没有赵州禅师高远,你的境界没有赵州禅师洒脱,我叫你不要来接我,你却不免俗套跑了大老远的路来迎接我。"

苏东坡以为禅师这回必然甘拜下风无疑了,禅师却回答一首偈子说:

赵州当日少谦光,不出山门迎赵王;
怎知金山无量相,大千世界一禅床。

意思是说,赵州不起床迎接赵王,那是因为赵州不谦虚,而不是境界高;而我佛印出门来迎接你,你以为我真的起床了吗?大千世界都是我的禅床,虽然你看到我起床出来迎接你,事实上,我仍然躺在大千禅床上睡觉呢!你苏东坡所知道的只是肉眼所见的有形的床,而我佛印的床是尽虚空遍法界的大广床。苏东坡以为可以调侃禅师,想不到第二次又输了。

又有一次,苏东坡到金山寺和禅师打坐,苏东坡觉得身心舒悦,于是问禅师:"禅师,你看我坐的样子怎么样?""好庄严,像一尊佛像。"苏东坡听了非常高兴。佛印禅师接着反问苏东坡:"学士,你看我坐的姿势怎么样?"苏东坡从来不放过嘲弄禅师的机会,马上回答说:"像一堆牛粪!"佛印禅师听了也很高兴。

苏东坡看到禅师被自己譬喻为牛粪,自己终于占上优势,欣喜得不得了,逢人就说:"我一向都输给佛印禅师,今天我可赢了!"消息传到苏小妹耳中,问道:"哥哥,你究竟怎么赢禅师的?"苏东坡眉飞色舞,神采飞扬地如实叙述了一遍。传说苏小妹天资超人,才华出众,不让须眉,她听了苏东坡得意的报告之后,正色说:"哥哥,你输了!彻底地输了!佛印禅师的心如佛菩萨,所以他看你如佛菩萨;而你的心像牛粪,所以你看他也像一堆牛粪!"禅悟的境界是无法伪装的,必须自身去实证。

苏东坡再一次输给禅师。

又有一次,苏东坡被派遣到江北瓜州任职,和金山寺只隔着一条江。有一天,苏东坡修持欣然有得,做了一首偈子,来表达他的境界,然后很得意地派书童过江把偈子送给禅师,并嘱咐书童看看禅师是否有什么赞语?偈子上说:

　　稽首天中天,毫光照大千;

　　八风吹不动,端坐紫金莲。

意思是说,我顶礼伟大的佛陀,蒙受佛光的普照,我的心已经不再受外在世界称、讥、毁、誉、利、衰、苦、乐八风所牵动了,好比佛陀端坐莲花座上一样。

禅师看了之后,一语不发,拿起笔来,只批了两个字,就叫书童带回去。苏东坡以为禅师一定会赞叹自己境界很高,看到书童拿回禅师的回语,急忙打开一看,只见上面写着"放屁"两字,无名火不禁升起:岂有此理!禅师不但不称赞我,反而骂我"放屁"。于是乘船过江找禅师理论。

船快到金山寺时,佛印禅师早已站在江边等待苏东坡,苏东坡一见禅师就义愤填膺地说:"禅师!我们是至交道友,你怎么可以开口骂人呢?"

禅师若无其事说:"骂你什么呀?"

"我那首偈上面的'放屁'两字呀!"

禅师听了哈哈大笑说:"你不是八风吹不动吗?怎么让我一屁就打过江来了?"禅的境界是超诸文字语言的,知识言说上的"八风吹不动",如果没有真实的证悟,是经不起考验的。苏东坡虽然才华超群,但是对于"禅"终不免于知解分别的体会,最后仍然输给佛印禅师。由上述公案,可以知道"禅"是言语道断的。

苏东坡一向自视文学造诣很高,和高僧往来的公案更是众多。有一次到荆南,听说玉泉承皓禅师驻锡此地,机锋辩才很高,心中不服气,想去试试禅师的悟境,于是化装成达官贵人的模样去见禅师,禅师看到他,上前招呼说:"请问高官贵姓?"

苏东坡机锋回答说:"我姓秤,专门秤天下长老有多重的秤。"

玉泉禅师大喝一声,然后说:"请问我这一声有多少重?"

苏东坡哑口无言,内心大服。

有一天,苏东坡挂单在东林寺,与照觉禅师谈论有关"有情无情"的事,彻夜不眠,至黎明时颇有所悟,做了一首千古传颂的偈语,来表明他感悟的心境:

溪声尽是广长舌,山色无非清净身;

夜来八万四千偈,他日如何举似人?

这首偈语主要告诉我们:对佛法有所证悟的时候,大自然到处都是佛陀的法身圆音,流水溪涧、青山翠竹,无一不在为我们诉说佛法妙谛,能够如此认识,就能契入禅境,不能如此,即使背熟八万四千偈子，即使佛菩萨站在你的面前，仍然不能与佛法相应。

苏东坡在佛法中得到法益之后，非常护持佛教。有一位范蜀公不信佛法，并且非议说："平生事，非目所见者未尝信。"苏东坡听了说："怎可如此？吾人患病，请医生把脉医疗。医生说：内太寒则服热药，内太热则服寒药。你何尝见过脉动，但是对体内的寒热则信之不疑，何以独对佛法讲求眼见才肯相信呢？"佛理之高妙，岂可用凡夫肉眼来窥觇。

以上所述为文人和佛门高僧之间有名的公案。为什么历代有那么多文人崇信佛教？本来文人学士对人生的体验较常人为切，对境遇的感悟较常人为深，而佛法的微妙教理，对宇宙人生的阐明，正可以满足他们追求真理的饥渴，安住他们的身心。文学本来就是发于中，形于外的性情之事，有佛教教理为内容，给予文学鲜活的生命，而不至流于无病呻吟、遣词造句的文字游戏。可以说，佛法丰富了文人的生命，开拓了文学的新面貌，而文人学佛则助长了佛法的宣扬，两者相得益彰。

1976年11月讲于新竹"清华大学"礼堂

禅师与禅诗

依循着禅诗的内容脉络,
可以找出禅师们对宇宙人生的看法与态度。

想要深入了解历代禅师的风范人格,有一条捷径,那就是直接从他们所作的"禅诗"入手,依循着禅诗的内容脉络,可以找出禅师们对宇宙人生的看法与态度。禅的境界,对于我们这个动荡混乱的时代,忙碌不安的人生,具有许多益处,在此提出数首禅诗来探讨研究。

第一首　宋·张无尽
　　赵州八十犹行脚,只为心头未悄然;
　　及至归来无一事,始知空费草鞋钱。

这首诗是描写唐朝赵州从谂禅师悟道的事情。有一次,一位初学佛法的弟子,问赵州禅师一个问题:"末劫时,还有没有'这个人'?"佛教认为这个世界必定要经过成、住、坏、空四大劫。到了末劫的时候,我们这个人会不会坏?还有没有业识?

赵州禅师回答:"会坏。"

弟子听了之后,接着又问:"如果'这个人'会坏,那怎么办呢?我们就随他去吗?"

赵州禅师不在意地说:"随他去!"

弟子听了禅师的话后,觉得非常怀疑。而赵州禅师自己后来想想,也不敢确定回答的话是否恰当,因此终日惴惴不安,无法安心。于是,为了求得内心的安定,赵州禅师跋涉千山万水,到处去参究正确的答案,而留下了"一句随他语,千山走衲僧"的佳话。

为了心中的一个问题不能明白,无法释然,80岁的赵州禅师不怕路途颠簸,四处寻找真切的答案。经过许多年以后,倦游归来,结果什么也没有得到,才知道自己过去在外面奔波寻找,只是缘木求鱼,空费了草鞋钱。

这首诗的含意是什么呢? 就是说"道"不必向外界追求,无须到心外寻觅,因为"道在迩",道就在我们每个人的内心。如果我们迷乱了心智,像赵州禅师一般,到处参访,即使花了很长久的时间,结果还是一片茫然。这首诗告诉我们一个道理:要有求真的热忱和放下的勇气。佛门说一个人悟道有三阶段:"看破、放下、自在。"的确,一个人必须放下,才能得到自在。古人说:"不以物喜,不以己悲。"我们对于人生的荣辱毁誉,能够超然物外,对于虚幻的功名富贵,能够淡然不着,凡事提得起,放得下,身心不再为名缰利锁束缚,自然能够得到大自在。

我们不但要有放下的勇气,更需具备求真的热忱。好比赵州禅师为了一句话,不辞千辛万苦地寻找答案;这种求真的精神,正可作为世人的模范。

第二首　唐·布袋和尚
手把青秧插满田,低头便见水中天;
六根清净方为道,退步原来是向前。

在寺院里,常常可以看到一尊大腹便便、背着布袋的和尚塑像,我们称他为弥勒佛。实际上,弥勒佛的法像不是如此,这个心宽体胖、笑容迎人的和尚是唐朝的布袋和尚,也是这首诗的作者。据说布袋和尚是弥勒菩萨的化身,他时常背着袋子在社会各阶层行慈化世。有一天,当他跟农夫一起干农活时,忽然心有所感,因而做了这一首诗。

"手把青秧插满田",描写农夫拿着秧苗,一株接着一株往下插;"低头便见水中天",低下头来看到倒映在水田里的天空;"六根清净方为道",当我们身心不再被外界的物欲染着时,才能与道相契;"退步原来是向前",农夫插秧,是边插边后退的,正因为他能够退后,所以才能把稻秧全部插好,最后他插秧时的"退步",正是工作的向前进展。

这首诗告诉我们,从近处可以看到远处,退步也可以当作进步。常人有一种倾向:看高不看低,求远不求近。譬如某人学问比我渊博,就尊重他;某人钱财比我富足,就巴结他。如果此人条件比我差,就不予理会,而不知道"登高必自卑,行远必自迩"的道理。禅师们观看这个世界与常人有显著不同的看法,"低头便见水中天",就是要我们虚怀若谷低下头来,才能真正认识自己、认识世界。

日本有一位禅师曾经譬喻:"宇宙有多大多高？宇宙只不过五

尺高。我们这具昂昂六尺之躯,想生存于宇宙之间,只有低下头来。"成熟的稻子,其稻穗也是低低地俯垂着,我们想认识真理,也要谦逊自制,把头低下来。

一般人总以为人生向前走,才是进步风光的,这首诗却告诉我们退步也是向前的,以退为进的人更是向前,更是风光。

古人说:"以退为进。"又说:"万事无如退步好。"在功名富贵之前退让一步,是何等的安然自在;在人我是非之前忍耐三分,是何等的悠然自得。这种谦恭中的忍让,才是真正的进步,这种时时照顾脚下、脚踏实地地向前才是至真至贵。人生不能只是往前直冲,有的时候,若能退一步思量,所谓"回头是岸",往往能有海阔天空的乐观场面。

第三首　唐·龙山禅师

三间茅屋从来住,一道神光万境闲;
莫作是非来辨我,浮生穿凿不相关。

这是潭州龙山禅师的诗偈,描写悟道有得,超然物外的境界。是说人生在世,虽然住的是简陋茅屋,吃的是粗糙食物,但是,如果我们能以智慧去观照世间的功名利禄和人间的是非善恶,了解它们的短暂性、虚妄性,心地明朗,得其所安,那么茅茨土阶也是亭台楼阁,粗衣蔬食也是珍馐佳肴,因为心与道相契合,世界是宽敞无碍的。这个时候,世界万种的纷争纠缠,再也无法扰乱我们悠闲的心境,世人如何钻营巧取,都与我们毫无相干。

这首诗充分表现了龙山禅师对于世间名利置之度外,而过着一种超然绝尘的生活。一般人对人生抱有两种态度:一种是"纵欲的人生",汲汲追求世间的享乐,为了满足自己的欲望,以致纵情任性无法自拔;另外一种是"禁欲的人生",视欲望如毒蛇,以名养为畏途。佛教认为这两种态度都过于偏激,有失中道。过分的纵欲,一味追逐享受,容易迷失了本性,况且欲壑难填,以有限的精力去追求如溪壑般的欲望,好比夸父逐日,到最后只有死于非命。纵欲的快乐是不实在的,跟随而来的是身心的交瘁、人格的堕落,所以说"乐极"必"生悲";"纵欲的人生"是不究竟的。

"纵欲的人生"虽然不好,"禁欲的人生"也太过狭隘,因为完全禁欲使人形同槁木死灰,毫无生气。好比种花莳草,水分过多,必定腐烂而死,而缺少水分,也会枯干而死。如果恰到好处,花草得到清水的滋润,就能长得茂盛美丽。所以佛教理想中的生活,既不推行禁欲的人生,也不提倡纵欲的人生,而主张过着中道的生活。

我们称众生为"有情","情性"与我们如影随形,无法分离,放纵它,固然不可;绝对禁止,也是不可能。若能善加引导,合理节制,好比长江黄河疏导入流,不但无害,反而有益于灌溉、水利。况且欲望有善恶之分,善欲可以给予人生奋进的力量,所以佛教不主张纵欲,也不主张禁欲,而主张节欲。当我们修行至一定境界时,虽然住在欲尘中,也不会被染着的。

第四首 唐·无尽藏比丘尼

终日寻春不见春,芒鞋踏破岭头云;
归来偶把梅花嗅,春在枝头已十分。

这首诗是唐朝无尽藏比丘尼到处访道,后来开悟所作的。我们求道好比寻找春天,从清晨找到夜晚,可是仍然看不见春天的踪影,走遍了千山万水,把鞋子都磨破了,但是春天究竟在哪里呢?心灰意懒之下,回到家里,看到庭院中早开的寒梅,清香四溢,忍不住深深地一闻,原来春天早就悄悄地绽开在寒梅枝上了。

这首诗说明我们追寻人生真理,探求智慧,往往本末倒置,向心外去追求,而不知道向心内去寻找。此诗更提示了"心内世界"与"心外世界"的差别。常人总以为心外的世界很宽很大,而不知道心内的世界更宽更大。佛经上说:"心包太虚,量周沙界。"可见我们的心怀多宽敞、多广大。

现今世界上正为石油缺乏、能源危机而恐慌。事实上,真正的能源在我们心中,我们内心的宝藏,比世界上盛产石油国家的能源还丰富,但是我们却将这一块取之不尽、用之不竭的油田荒弃不用,愚昧地向心外的世界去挖掘,不晓得把自己这一座灵山中的宝藏开采出来。"佛在灵山莫远求,灵山就在汝心头",不要舍弃灵山,徒然去攀登别的山岭。

如果我们对禅的境界有些体悟,去除了对事相的滞碍,只要是东风吹拂的地方,不管红花也好,紫花也好,不都象征着春天的信息吗?所以说:"等闲识得东风面,万紫千红总是春。"如能契入佛法妙谛,层峦叠翠,无一不是诸佛菩萨的精神法身;声湍鸣涧,都是诸佛菩萨的说法妙音。这就是苏东坡所谓的"溪声尽是广长舌,山色无非清净身"的意思。但是,如果我们不去领会,纵然芒鞋踏遍岭头云,也不过是"一瓶一钵垂垂老,千山千水得得来",茫然无得而已。道无所不在,处处可以体会,甚至吃饭、睡觉、走路、行进之间都有道的存在。能如此体会,春天就不远了!

第五首　宋·草堂禅师

云岩寂寂无窠臼,灿烂宗风是道吾;
深信高禅知此意,闲行闲坐任荣枯。

这是一首描写不同宗风的诗。唐朝药山禅师投石头禅师门下而悟道,他得道之后,门下有两个弟子,一个叫云岩,一个叫道吾。有一天,大家坐在郊外参禅,看到山上有一棵树长得很茂盛,绿荫如盖,而另一棵树却枯死了,于是药山禅师观机逗教,想试探两位弟子的功行,先问道吾:"荣的好呢?还是枯的好?"道吾说:"荣的好。"再问云岩,云岩却回答:"枯的好。"此时正好来了一位沙弥,药山就问他:"树是荣的好呢?还是枯的好?"沙弥说:"荣的任他荣,枯的任他枯。"他们三个人对树的成长衰亡有三种不同的意见,寓意他们对修道所采取的态度,有三种不同的方向。

云岩说"枯的好",可以知道他所修学的禅道是寂寂中出发的,他的宗风是不落窠臼的寂静无为,所以说"云岩寂寂无窠臼"。而道吾说"荣的好",显示他后来光芒万丈的灿烂宗风,所以说"灿烂宗风是道吾"。但是,超乎云岩道吾二者之上的沙弥,又如何呢?这就说明了分别的知识与圆通的智慧之间的不同。

云岩和道吾,一个说荣的好,一个说枯的好,显示他们从知识上去分别事相。我们平常所指陈的人间是非、善恶、长短,都是从常识上去认识的,只是停留在分别的知识界,而这位见道的沙弥却能截断两边,从无分别的慧解上去体认道的无差别性,所以说:"荣的任他荣,枯的任他枯。"

无分别而证知的世界,才是实相的世界。我们所认识的千差万别的外相,都是虚假不实,幻化不真的。甚至我们所妄执的善恶也不是绝对的,好比无缘无故用拳头打人一拳,这个拳头就是恶的;好心帮人捶背,这个拳头又变成善的。恶的拳头可以变成善的,可见善恶本身没有自性,拳头本身无所谓善恶,这一切只不过是我们对万法起的一种差别与执着。

禅的世界是要我们超出是非、善恶、有无、好坏、荣枯等相对立,而到达一种绝对真实和圆融的世界。禅的世界是要我们在生死之外,寻找另一个安身立命的所在。

第六首　宋·苏东坡

一树春风有两般,南枝向暖北枝寒;

现前一段西来意,一片西飞一片东。

这是一首非常有趣的禅诗。有一天,苏东坡和秦少游在一起吃饭,两个人因为才华都很高,往往为了谈学论道,互不相让。这天吃饭的时候,刚好有一个人走过,由于许多天没有洗澡,身上爬满了虱子,苏东坡就说:"那个人真脏,身上的污垢都生出虱子来了。"秦少游坚持异议说:"才不是呢!虱子是从棉絮中长出来的。"两人各持己见,争执不下,便去请佛印禅师作个公道,评判谁输谁赢,并且商议输的人要请一桌宴席。苏东坡求胜心切,私下跑到佛印禅师那里,请他务必要帮自己的忙。秦少游也拜托禅师帮忙,佛印禅师也答应了他。两个人都以为稳操胜算,放心地等待评判的日子来临。揭晓的日子终于到了,禅师正色下评断说:"虱子的头是从污垢中生出来的,而虱子的脚却是从棉絮中长出来的,所以你们两个人都输了,应该请我吃宴席。"苏东坡因此有感而发,写了这首诗。

这首诗告诉我们什么?就是"物我合一"。我们的观念中,物是物,我是我,物我之间的关系是对立的,甚至不能相融。那是因为我们把世间的"空"、"有"分开,因此产生种种的矛盾、冲突、差别,但是在禅师心中,物我是一体的,外相的山河大地就是内在的山河大地,大千世界就是心内的世界,物与我之间已没有分别,已完全调合了。好比一棵树,同样接受空气、阳光、水分,每一片树叶却有不同的生机,但彼此又能无碍地共存于同一株树上。泯除物我的对立,才能得到圆融的统一,管它虱子是从棉絮还是从污垢中长出来的,把"自"、"他"的冲突去除,才能见到圆满的实相。

第七首　唐·古灵禅师

空门不肯出,投窗也太痴;
千年钻故纸,何日出头时。

这首诗的作者古灵禅师,是在百丈禅师那里开悟的。悟道后的古灵禅师心想:"如果没有过去的剃度恩师引导自己入道,今日如何能悟道呢?"可惜剃度师父仍然未见道,于是古灵禅师回到师父身旁。师父问归来的弟子说:"这几年在外面参学,证悟了什么吗?"明明悟道的古灵禅师却回答:"没有!"因为道是不可言传的。

有一次,年老的师父洗澡,古灵禅师替他擦背,忽然拍拍师父的背说:"好一座佛堂!可惜,有佛不圣。"师父听了便回头看他,古灵禅师赶紧把握机缘又说:"佛虽不圣,还会放光呢!"但是师父仍然不开悟,只觉得徒弟的言行异于常人。

又有一次,师父在窗下读经,有一只苍蝇因为被纸窗挡住了,怎么飞也飞不出去,把窗户撞得嘎嘎响,又触动了古灵禅师的禅思:"世间如许广阔,钻他驴年故纸。"并做了上面那首诗偈,意思是说,苍蝇你不晓得去寻找可以出去的正道,却死命地往窗户钻,即使身首离异也不能出头。暗示师父参禅应该从心地下功夫,而不是"钻故纸"的知解。

师父看到这个参学回来的弟子,言论怪异,行径奇特,于是问他是什么道理,古灵禅师便把他悟道的事告诉了师父,师父内心欢喜感动之余,更请他上台说法。古灵禅师升座,把经本一合,说道:

心性无染,本自圆成;

但离妄缘,即如如佛。

意思是说,我们的心性好像一块黄金,即使放在污水里,也不失它的光泽,只是我们没有去发现而已;去除了这些污染,我们的佛性就能展现出来。师父听了徒弟说法,终于开悟了。这首诗为我们揭示了两个世界——向前的世界和向后的世界,向前的世界虽然积极,向后的世界却更辽阔,我们唯有融合这两个世界,才真正拥有整个世界。这首诗更告诉我们"师不必贤于弟子,弟子不必不如师"的道理,迷时固然是师度,悟时也可以度师。禅门这种典故很多,譬如鸠摩罗什学了大乘之后,回去度化他学小乘佛法时的师父,这说明在佛法之前,众生是平等的,没有阶级之分,也没有长幼之别。有的只是迷悟愚圣,平等中的差别。

第八首　唐·马祖道一禅师

为道莫还乡,还乡道不成;

溪边老婆子,唤我旧时名。

平常我们称卖艺为生的人为"走江湖",其实"走江湖"原本是禅门行者云游寻道参访的意思,"江湖"是指江西马祖禅师和湖南石头禅师。

马祖道一禅师家住在江西,石头希迁禅师落籍于湖南,两人在中国禅宗的传承史上都占有很重要的地位。在唐朝的时候,据说要学禅,只有这两处最好,因此当时盛行"走江湖",意思是到江西、湖南去学禅,但是流传到现在,"走江湖"却失去它的原意。

马祖道一禅师成道以后,回到故乡,亲朋故里知道了都跑来看他。有一位浣纱的老婆子也好奇地来看禅师,并说道:"原来是马家的小子回来了!"禅师俗姓马,老婆子看着禅师从幼稚无知的童年长大成人,虽然禅师现在悟道了,在老太婆根深蒂固的观念中,禅师仍然是那个充满童稚的小孩子,而不是堂堂正正上弘下化的人天师表,因此禅师很感慨地做了这一首诗。

这首诗启示我们不要沉酣于甜蜜的过去,要泯除狭隘的地域观念,扩大生命领域。从有限的时空中去创造无限的时空,以有限的生命去扩充无限的生命,将短暂的生命投注于永恒的时空之中,不能像井底之蛙一般,画地为牢,局于一隅。须知大丈夫志在四方,四海之内皆有修道的兄弟,学道不必在故乡,弘法更无须在家邦。古人云:"道不弘父母之邦。"佛门也常说:"一钵千家饭,孤僧万里游;为了生死事,乞化度春秋。"意思是说,出家人为了传播道的种子,不惜放弃名闻利养和物质享受,席不暇暖的汲汲于弘法的道路上。只要社会需要,不管上山或下乡,都应贡献己能,而不必一定非在自己家乡不可。我们求道不能有宗派观念,弘法更不能有地域的想法。

第九首　宋·柴陵郁禅师

我有明珠一颗,久被尘劳关锁;
今朝尘尽光生,照破山河万朵。

这是柴陵郁禅师摔跤悟道所作的诗。禅师的禅风非常灵巧活泼,不过他座下的弟子白云守端禅师,治学呆板,虽然时常持诵上面这首诗,却始终无法参透其中的禅趣。后来白云禅师因为一个机缘,跟随杨岐方会禅师学道,但是仍然不能开悟。有一天方会禅师问白云禅师说:"据说你师父在摔跤的时候悟了道,并且作了一首诗偈,你记得吗?"白云禅师赶忙把上面那首诗念给他听,方会禅师听了之后哈哈大笑,不发一语就走开了。

这一笑引出白云禅师的困惑,第二天他问方会禅师,是不是说错了什么?禅师回答说:"你见过庙前玩把戏的小丑吗?他们做出种种动作,无非想博人一笑,观众笑得越大声,他们就越开心。我只不过轻轻笑你,就放不下了,岂不是比不上那些小丑吗?"白云禅师如梦初醒,放下了长久以来的执着而开悟了。

这首偈子告诉我们,学佛要开放、活泼,不要太呆板,太呆板就会失去宇宙奥妙的禅趣。禅是活活泼泼的,一扬眉一瞬目,一投足一言笑,都充满禅的风光,唯有以一颗灵巧的心才能与禅相应。这首诗更告诉我们不要被外境所转,东风吹来向西倒,西风吹来向东倒,把握自己的立场,认清自己的价值,世间的毁誉得失都无法影响我们,笑骂由他笑骂,好比去除灰尘的明珠,光照万里,晶莹剔透,无以伦比!

第十首　宋·石屋清珙禅师

手携刀尺走诸方,线去针来日日忙;

量尽别人长与短,自家长短几时量。

社会上有些人,眼睛天天看着张家是非、李家长短,说这个好,骂那个不好的批评别人,但是就不知道对自己怎样衡量,真是有嘴说人,没嘴说自己。

"手携刀尺走诸方",裁缝师手里拿着刀尺,各地奔波丈量,替人穿针引线缝衣裳,真是"线去针来日日忙"。我们虽不是裁缝师,也难免每天为谁辛苦为谁忙?这种忙都是比较上、分别上、自我上的忙,忙来忙去也忙不出一个所以然来。如果我们能如祖师说的"至道无难,唯嫌拣择;但莫憎爱,洞然明白",不分别、不计较、不存爱憎,就比较容易看清自己的面目。一有爱憎的心,就有"爱之欲其生,恶之欲其死"的心态,甚至有"顺我者昌,逆我者亡"的偏见,是很可怕的。

"量尽别人长与短,自家长短几时量",人都好量别人的长短,量别人的贫富,量别人的贵贱,量别人的美丑,量别人的好坏,量别人的是非,量这量那,嫌贫爱富、攀缘巴结,就不知道量量自己。两个眼睛只看到别人,却看不到自己。

我们如果能以责人之心责己,恕己之心恕人,返照自己,观照自家宝藏有多少价值,就能够避开很多人生的陷阱。

自家长短几时量？不妨常常问自己！

第十一首　宋·慈受怀深禅师

莫说他人短与长，说来说去自招殃；

若能闭口深藏舌，便是修行第一方。

"莫说他人短与长"，与人相处，最忌诽飞短流长，滋生误会，佛法告诫我们闲时常思己过，莫论他人短长。流言蜚语伤害人、动摇人、苦恼人，是非常强烈的。我们要不信是非、不传是非、不听是非、不讲是非、不怕是非，即使对方造谣，说得天花乱坠，也不用怕。为什么？因为"说来说去自招殃"。一个清明的人是诽谤打倒不了的，徒然暴露了说是非者的愚昧与奸诈。

"若能闭口深藏舌"，所谓闭口，是要我们不说是非、不传是非、不听是非、不理是非，而不是如哑巴似的不开口。一般人常犯的毛病是自赞毁他，把我的一分好夸成十分，把他的一分坏毁成十分，炫己抑人，徒然多招反感。少说人家的是非，少论他人的短长，"便是修行第一方"了。

诵经念佛，固然是修行；实行佛法，更是大修持。能真心赞美人，对人说好话，向人行注目礼，给人欢喜。对人恭敬，不记恨，不起瞋心，心口合一，这些都是修行妙法的第一方。因此，学道者应具有的风仪是：

1. 光风霁月的修养。
2. 海阔天空的心胸。
3. 端庄美妙的行谊。
4. 玉振金声的言词。

如此自能断绝是非，去除纷杂的人我烦恼。

第十二首　唐·黄檗禅师
心如大海无边际，广植净莲养身心；
自有一双无事手，为作世间慈悲人。

"心如大海无边际"，人的心，如大海一般无边无际，事实上心还不止像大海，心像国王，可以发布命令；心念一动，眼睛就去看，耳朵就去听，手就去做事，脚就去走路，所以说心如国王能行令。

心又像电光，心念一动，东西南北任翱游；想建大楼，念头一转，心头的大楼即刻就建好了，心念之快真如石火电光。

心又像画师，《华严经》上说："心如工画师，能画种种物。"心如艺术家，可以在心中呈现出美好或丑陋的种种变化。

心又像虚空，可以包罗万象。平常我们常说"宰相肚里能撑船"，不是说宰相肚子里真能撑着一条船航行，而是形容宰相的心怀大得能容纳一切。

所以"心"是无量无边，是变化万端，是容纳万有。我们该如何对待这颗心呢？"广植净莲养身心"，有这么了不起的一颗心，我们就要好好地爱他。珍馐美味的营养食物入口吃了，可以滋养我们的身体，戒定慧则可以滋养我们的法身慧命，我们要好好地在心田里广植净莲。"自有一双无事手，为作世间慈悲人"，是说由心的力量能推展我们这一双手，要好好地随时随缘为人积功德。例如随口说好话，随手替人服务，随时结善缘……希望我们今天的社会，到处都是行善布施的慈悲人，人间就会很美好了。

第十三首　元·天如惟则禅师

纸上传来说得亲，翻腔易调转尖新；
世人爱听人言语，言语从来赚杀人。

　　世间语言不可靠。禅不立语言文字，禅要在语言文字以外直指本心，才能悟道。就算"纸上传来说得亲"，尽管纸上文字看得亲切高兴，但是文字"翻腔易调转尖新"，每个人的解释都不一样，歧见与误解难免。

　　阿难尊者继承了大迦叶尊者的衣钵，为禅门二祖，活到120岁。一天，有个沙弥在路上念偈语："若人生百岁，不见水潦鹤；不如生一日，而能得见之。"阿难尊者一听，就叫住沙弥问："沙弥！沙弥！你的偈语念错了，应该是：若人生百岁，不解生灭法；不如生一日，而能解了知。"

　　沙弥一听，回去就把尊者的话告诉老师，老师说："你不要随便听信老朽的阿难，他已经很老了，不懂什么佛法了。"阿难尊者看到佛法的流传这样坎坷，不胜感慨，真是翻腔易调。"世人爱听人言语"，世人都喜欢听人家说话，谎言说上百遍，也变成了真理；谣言经过几个人一再传说，就完全牛头不对马嘴了。记得抗日战争期间，日本有架飞机轰炸重庆，一拉警报，大家问来了多少架飞机？"是一架飞机"，听的人却听成十一架飞机。后来又有人问到底多少架飞机？"就是十一架飞机"，听的人也听错，变成91架飞机。你看！1架飞机经过3个人传说，竟变成91架飞机，多可怕！

　　所以，"言语从来赚杀人"，语言虚妄不可靠，在佛教里，要自依止、法依止,莫异依止,千万不要靠语言文字,要靠自性。

第十四首　明·莲池禅师

孤峰千仞立江心,八面洪涛愁杀人;
奈是根深自坚固,几回经古又逢今。

"孤峰千仞立江心",是形容一座孤峰千仞高,孤立在江心,像江苏的焦山就是立在江心。"八面洪涛愁杀人",滔滔江河的波浪汹涌,惊涛骇浪不息,会不会把千仞孤峰慢慢动摇毁坏?真是令人担心!"奈是根深自坚固",好在这座千仞孤峰基础很深、很坚固。"几回经古又逢今",历经了多少岁月,从古到今千百年,它仍然那样屹立不动。

这首诗偈开示我们:每一个人的真如佛性,在五趣六道的洪涛波浪里,流转生死,真是愁杀人,好在我们的真如自性根基深厚,虽有生死、有来去,并不因此损减分毫。虽历五趣六道,驴腹马胎,天上人间,几经转折,古今生命是永恒的,生命是不死的。

《法华经》里这样形容:衣里明珠、梓中宝藏。一个富翁害怕家道中落,就在爱子的衣服里缝了一颗明珠,估量着就算将来家产没有了,也可以变卖这颗明珠维持生活,万万想不到儿子后来竟沦为乞丐,不知道衣服里藏有价值连城的明珠,把衣服贱卖典当了,依然流落街头。"梓中宝藏"是说:主人在屋里藏了宝藏,以备家道中落时,地窖藏的宝藏可以度日,但是天火一烧,屋毁梁倾,子孙根本不知道灰烬中藏有财宝。

我们的佛性就是梓中宝藏、衣里明珠,自己不知道,好可惜!我们要早一点证悟,要早一点知道自家宝藏,不要等到身坏尸腐了,死不瞑目!

第十五首　明·憨山德清禅师

红尘白浪两茫茫,忍辱柔和是妙方;

到处随缘延岁月,终身安分度时光。

这是明末憨山大师《醒世歌》里的一首偈语。

"红尘白浪两茫茫",说明一个人生存在娑婆世间,就像红尘白浪似的前途茫茫,真是今日不知明日事,要如何适应错综复杂的社会呢?"忍辱柔和是妙方",要想创造一番事业,要想圆满地将人际关系处理好,必须常常赞美人、鼓励人,此外另有妙法,就是忍辱与柔和。凡事忍让,不与人斤斤计较,即使受到委屈,遇到不如意也得承受下来。"忍一口气风平浪静,退一步想海阔天空",要和谐无争,当是自护第一方。有一首《忍耐歌》说得好:"忍耐好,忍耐好,忍耐两字当奇宝。一朝之念不能忍,斗胜争强祸不少,身家由此破,性命多难保。休逞财势结怨仇,后来要了不得了,让人一步有何妨,量大福大无烦恼。"

其次就是柔和了。柔能克刚,不管遇到什么样的艰难险阻,只要柔和泰然地面对它,事情往往就会有转机。除了忍辱柔和,人生观要"到处随缘延岁月,终身安分度时光。"

在佛门行事,好事就随境,善事就随行,好人就随他,好念头就随心,一一随顺因缘才不会妄求。至于如何安分度时光?这安分主要是指积极行善,方法就是佛门所指的四正勤:未作恶,令不做;已做恶,令断除;未生善,令生起;已生善,令增长。如此,遇到好事才会更积极,精进不已。

第十六首　唐·赵州从谂禅师

四大由来造化功,有声全贵里头空;

莫嫌不与凡夫说,只为宫商调不同。

"四大由来造化功,有声全贵里头空",是说宇宙万物所有一切,皆由四大所造,由四大因缘和合而成。四大就是四种元素,合起来成为世间,成为人,任何事事物物都离不开这四大——地、水、火、风。地是坚硬性的,水是潮湿性的,火是温暖性的,风是流动性的。

像花草树木的生长,需要土壤,是地大;要有水分滋润,是水大;要有阳光,是火大;要有空气,是风大。有了土地、水分、阳光、空气,花草树木才能成长。人也一样,人的身体骨头、毛发,是坚硬的地大;人的大小便、汗、痰是潮湿性的水大;人的体温、肝火,是火大;风大,是指人的呼吸,要是一口气不来,人也不能活下去。四大因缘聚就成,四大因缘散则灭。又如盖房屋的建材中,木材是地大;水泥是水大;采光、通风是火大、风大。一间房子的完成,也要有此地、水、火、风的因缘才能完成,世间所有一切,也都是四大会聚而成。

"莫嫌不与凡夫说",这许多道理,未同凡夫解说,是因一般人很难了解缘起性空。"只为宫商调不同",中国古代音乐有宫、商、角、徵、羽五个音调。如释迦牟尼佛在金刚座上,菩提树下证道后,第一个念头就是要涅槃。为什么要涅槃?因为佛陀证悟的真理,与世间不同,佛陀所见的苦相,世间人看成乐境;佛陀证悟的法身、菩提,是世人的寂灭、空无。所以有些看法,不容易使大家信服,是因为佛、菩萨与凡夫的认识不同,思想、观念也不一样,往往不易传达。因此,要好沟通、好说话,观念一致是大前提!

第十七首　唐·洞山良价禅师

不求名利不求荣,只要随缘度此生;
一个幻躯能几时,为他闲事长无明。

在动乱的世间里,若把人我是非看得太认真、太计较,日子不免纷纷扰扰,所以要能放下一些,随缘一些,像皮箱一样,用时提起,不用就放下。否则一直提着不放,不嫌累赘吗?需要时又提不起,不是很不方便吗?

这首偈语要我们"不求名利不求荣",不求个人的安逸、荣耀、成就,应该为国家社会求大、求好、求荣耀。如何做到只为大众,不为私己呢?像佛光人的信条"光荣归于佛陀,成就归于大众,利益归于常住,功德归于信徒",就是一种无私无我的德行。

"只要随缘度此生",我们不要只顾一己得失,要多为国家社会着想,为大众造福,不辞辛苦努力奉献服务,广结善缘。想想"一个幻躯能几时,为他闲事长无明",人生不过百年光阴,为什么一定要为过眼云烟勾起无明烦恼,徒然牵肠挂肚?

正如无门慧开禅师的诗:

春有百花秋有月,夏有凉风冬有雪;
若无闲事挂心头,便是人间好时节。

不要把个人琐碎的事挂在心头,但是对普度众生的事则要积极,对社会福利工作更要护持,如修桥铺路,功德无量;济危扶困,成人之美。活在世间,懒惰懈怠也是几十年,自私自利也是几十年,何不积极为国家社会多做点事?为社会的安和乐利多多造福呢?

第十八首　唐·龙牙禅师

木食草衣心似月,一生无念复无涯;
时人若问居何处,绿水青山是我家。

这一首诗偈是龙牙禅师修行自在的写照。

"木食草衣心似月",我虽然以花木水果为食,以树木草皮为衣,但是我心好似天上月,明朗得很。"一生无念复无涯",我一生不妄求、不计较、不执着,人到无求品自高,人到无念便安闲。所以龙牙禅师参禅悟道以后,就过着木食草衣逍遥自在的生活。一般人百般计较,又要锦衣美食,又要名闻利养,但对一个修道者而言,木食草衣比锦衣美食更庄严、更美好!我们住在五欲六尘里,烦恼痴迷;天人居住在庄严的宫殿里,享受欲乐;二乘人居住在清净无为里,佛的法身居住在虚空无住中,正是"应无所住而生其心"。"时人若问居何处,绿水青山是我家",这是一个比喻,有的人过去住在污染的地方,现在搬到清凉净土;过去住在执着里,现在住在无我里;过去住在烦恼里,现在住在菩提里;过去住在动乱里,现在住在安静里。我们不妨问一问自己,我们究竟住在哪里?

身心若居住在人我里,一旦人我不在了,怎么办?若居住在是非上,是是非非怎能安乐?如果有人问你居住何处,你最好说:我住在菩提里,住在清净里,住在无我里,住在无为里。如《金刚经》所说"应无所住而生其心",人住在哪里?居住在无所不住之处。太阳住在天空中,看似没有依靠,然而天空就是它的家。时人若问居何处,绿水青山是我家。

第十九首　明·于谦

千锤万凿出深山,烈火焚烧若等闲;

粉身碎骨浑不怕,要留清白在人间。

这首诗,是描写石灰的一生,最初"千锤万凿出深山",采自深山的矿脉,"烈火焚烧若等闲",运送到窑里用烈火焚烧,经过强度的熬烧后,变成石灰,才能用来粉刷墙壁。石灰"粉身碎骨浑不怕",只为"要留清白在人间",它成就了自己,也成就了世间。

人要像石灰一样,经得起千锤百炼的考验,活在社会上,对于人情冷暖、金钱得失、生活的贫富,乃至一切的嘲笑辱骂、歌功颂德,都要以平常心对待,世间如火宅、如怨城,在艰难困苦的红尘里处事,就像在烈火窑中焚烧一样,不妨等闲承受。

为了成就事业,实现一生的理想,何妨以委曲求全、忍辱负重的精神,抱着为人服务奉献的作风,去实践"粉身碎骨浑不怕"的志愿。锲而不舍,勇往直前,使一世身家性命都"要留清白在人间",成就佛教,成就圣法,成就众生,不正是"了生脱死"的极致吗?

活在世间,难免有职业上的辛苦,心灵上的烦恼,种种的折磨痛苦,真是无日未有。我们要努力超拔,脱出烦恼苦海,进入菩提境界,千万不要因为一念之差铸成大错,不能留得清白在人间,再回头已是梁柱倾、鬼号哭,什么都挽不回了!

第二十首　宋·无门慧开禅师

春有百花秋有月,夏有凉风冬有雪;

若无闲事挂心头,便是人间好时节。

这一首诗偈,是对如何做人、处世、安身立命做了个很好的开示。"春有百花秋有月,夏有凉风冬有雪",春天的百花开了,秋天的月亮特别皎洁,夏天吹拂着徐徐凉风,冬天飘着皑皑白雪,春夏秋冬四季分明的更替,就像我们生老病死的过程。在现实生活里,经年累月酸甜苦辣的日子,假如我们能将生老病死的无常、荣辱得失的好坏,都不挂在心上,那就是人间最好的时节了。

人并不是拥有良田千顷、大厦千间就能快乐满足,真正的快乐是心里有智慧,没有挂碍。一个人即使钱财再多,名位再高,若有人我的挂碍,有人我的是非,有名闻利养的百般计较,家事、国事、心事太多,心理压力就重;钱财愈多,名位愈高,徒然愈放不下,又有什么意义?我们要学习举重若轻的心胸,减少心里的压力,才能轻松自在,真实体会到人生的意义。所以"若无闲事挂心头,便是人间好时节",什么是人间好时节?只要我们心好,看一切都好,父母爱我,子女孝顺我,朋友对我好;你感到人好,你自然就会待人好;你感到事好,做起事来就会得心应手;你感到境好,走在路上,躺在椅子上,一切都是那么美好!真是"心中无事一床宽,眼内有沙三界窄!"

一个人光是要求世间好、环境好、朋友好,是没有用的,要先求自己好。要能从心好做起,才能感受到世界一切都美好。事好、人好、话好,无一不好,那便是人间好时节了!

1976年5月讲于中兴大学法商学院

禅与现代人的生活

禅,是人间的一朵花,是人生的一道光明;
禅,是智慧,是幽默,是真心,
是我们的本来面目,是人类共有的宝藏。

《六祖坛经》不但是佛教禅学的一部宝典,而且被中国历史学家钱穆推荐为研究中华文化的必读之书。《六祖坛经》全文皆以禅学为主。禅的思想,为东西方文化所共同接受,因为禅不是什么神奇玄妙之理,禅只是一种生活,是大、是尊、是真善美的境界,是常乐我净的领域。

禅,是人间的一朵花,是人生的一道光明;禅,是智慧,是幽默,是真心,是我们的本来面目,是人类共有的宝藏。

禅,虽然是古老的遗产,但更是现代人美满生活的泉源,因为禅的功用可以扩大心胸、坚定毅力、增加健康、启发智慧、调和精神、防护疾病、净化陋习、强化耐力、改善习惯、磨练心志、理解提起、记忆清晰。

尤其禅能令我们认识自己,所谓明心见性,悟道归源,兹以"禅与现代人的生活"为题,分为四点来说明:

一、禅的人间社会性

禅,不是什么神奇玄妙的现象;禅,也不是佛教所专有的。可以说人间充满了禅机,大自然无一不是禅的妙用。禅像太阳的热能一样,只要有心,到处都有自己的热能。

禅不是少数人的,禅有社会性,是人间的、大众的。佛陀在灵山会上,把禅法传给了大迦叶尊者,但把禅心交给了每一个众生。

禅的光明照耀着人间;禅,沟通了人我的关系,沟通了心物的关系。禅者与禅者之间的接心、印心,处处都说明了禅的人间社会性,禅门一千多则传灯故事,不但玄奥,而且美妙。那些禅话里,处处都说明了禅者从矛盾中,如何统一见解;从差别中,如何融合思想;从分离中,如何相依精神;从人我中,如何相通两心!

学僧问洞山禅师:"寒暑来时,如何躲避?"

洞山禅师答道:"何不向无寒暑处去?"

学僧再问:"如何是无寒暑处?"

洞山禅师道:"寒时寒杀阇黎,热时热杀阇黎。"

学僧反驳道:"你不是说到一个既不寒又不热的地方,为什么又寒杀热杀呢?"

洞山禅师终于明白地说道:"寒冷时用寒冷来锻炼你自己,热恼时用热恼来锻炼你自己。"所以禅者不逃避人间,永远活跃在社会每一阶层,在寒暑冷暖、荣辱苦乐、贫富得失、是非人我中不动心。"犹如木人看花鸟,何妨万物假围绕",这就是禅者人间的社会性格。

"春城无处不飞花",同样,"人间到处有禅机"。从禅的名称,可以看出禅的社会性,如禅食、禅衣、禅床、禅座、禅灯、禅味、禅话、禅行、禅悦、禅喜、禅友、禅眷、禅用、禅心……人间社会里,哪里没有禅呢?

真正的禅者,山林水边,陋巷闹市,不分僧俗,不计男女,人人可参禅,人人可问道,所谓"一钵千家饭,孤僧万里游"。禅者的云游行脚,就是那么人间化、社会化。禅者的社会,亦即是禅者所住的禅林,他们对工作和合分工,同道间参访互助,修持上严格精勤,处众时上下平等,生活里朴素无华,心地中统一归真。

今日人间社会上,流行着不少的病态,如紧张、功利、自私、狭隘、执着、暴力,急需禅者安详、放下、大公、宽广、空无、慈悲的良方来对治,这就有赖于大家共同推动。

二、禅的时空普遍性

所谓禅,如"万古长空,一朝风月"。在禅里,没有时间的长短,没有空间的远近,没有人我的是非,刹那之中有永恒,一念之中有三千。心中有事虚空小,心中无事一床宽;禅者对时空有着普遍性的悟入。

禅者的修定,不重成佛,只重开悟,只要一悟,何愁大道不办?所以禅者修定悟道以后,你挂念他年老,他说没有时间老;你要他旅行游览,他说法界皆在他的心中。因为禅者一悟之后,就能泯灭时空内外、自他对立,其实内外、对立,实皆一如也。

有数则诗偈,可明禅定皆一:

1. 吾有正法眼藏,涅槃妙心(内定);
   拈花微笑,付嘱摩诃迦叶(外禅)。

2. 应无所住(内定),而生其心(外禅)。

3. 溪声尽是广长舌,山色无非清净身(内定);
夜来八万四千偈,他日如何举似人(外禅)。

4. 犹如木人看花鸟(内定),何妨万物假围绕(外禅)。

5. 稽首天中天,毫光照大千(外禅);
八风吹不动,端坐紫金莲(内定)。

6. 尽日寻春不见春,芒鞋踏破岭头云(内定);
归来偶把梅花嗅,春在枝头已十分(外禅)。

说到悟,那不是语言文字所能形容的,但是,悟透过禅定必然可以体验的,可以说悟才是参禅入定的真正目的。因为悟,可以领略到时间的永恒,可以体会出空间的无边。悟,在人我里完全生佛平等,在时空里完全法界一如。

智通禅师半夜忽然起床大叫:"我悟了!我悟了!"

一寺大众都被他吵醒,归宗禅师严肃地问他:"你悟到什么?"

智通毫不迟疑地回答道:"我悟到师姑原来是女人做的!"

这样的回答,实在太妙了!师姑是女人,是多平常的事,但真正的懂,是证悟诸法普遍平等,才真正了然。

石头希迁的"未到曹溪也不失",惟宽禅师的"道在目前",都是说明禅的时空是普遍性的。

沩山禅师告诫石霜禅师:"莫轻一粒,因为百千万粒皆从此一粒生!"

三、禅的自我规范性

禅,是绝对的超越,绝对的自尊,在禅者的口中"魔来魔斩,佛来佛斩";"佛之一字,吾不喜闻",丝毫不留一点情面;黄檗禅师的"不着佛求,不着法求,不着僧求",以及临济的"既不礼佛,又不礼祖",好像佛祖和他有什么仇恨。其实有这种"虽千万人吾往矣"的自尊精神,才能和大觉世尊的禅道相应。

禅者虽重视师承,但六祖大师的"迷时师度,悟时自度",更为所有禅者效法。盖禅者当下承担,以表示对自我的尊重。诗云:"赵州八十犹行脚,只为心头未悄然;及至归来无一事,始知空费草鞋钱。"由此可见一个参禅者,为了求真的精神,虽然80岁的高龄,也要靠自己去找到他要的答案。

大凡一个禅人,他的修行,应该注意下列四点:

1. 自我观照,反求诸己。
2. 自我更新,不断净化。
3. 自我实践,不向外求。
4. 自我离相,不计内外。

我们这个时代,大多数人好像迷失了自己,乞求于别人的帮助;如果失去指引,自己就好像不能独立担当。对"自家宝藏不顾,抛家散走的人",禅者的自我尊重,应是现代人的一帖良方。

禅者也非常重视自我的约束,自我的规范。自从六祖大师的行化大开以后,马祖禅师创建了丛林,百丈禅师立了清规。千余年以来,没有一个禅者不守清规的。下列原则,是他们最重视的规范:

1. 自食其力维持生活,不可伤害修道禅人。
2. 不坏团体家风信誉,不自宣说自我成就。
3. 每日必有发心劳作,修福修慧感恩知足。

4. 物质生活越淡越好,重视师承树立家风。

因为禅者重视生活规范,从不到处惹是生非,今日这个脱序的时代,实应该学习禅者的风范。

四、禅的生活实践性

禅宗六祖惠能大师,就是一个从生活中修行成功的人。

惠能大师八月春碓,亲自劳作,实为他进入悟道的不二法门。离开了生活,固然没有禅;离开了劳作,更无法深入禅心。自古以来,像百丈的务农、雪峰的饭头、杨岐的司库、洞山的香灯、圆通的知众、百灵的知浴、道元的种菜、临济的栽松、沩山的粉墙……处处都说明禅者非常重视生活。

有人问赵州禅师:"什么是禅法?"

赵州禅师指示他去洗碗,再有人问什么是禅法?赵州禅师告诉他去扫地。因此,学者不满,责问赵州禅师:"难道洗碗、扫地以外没有禅了吗?"

赵州禅师不客气地说道:"除了洗碗、扫地,我不知道另外还有什么禅法。"

有源律师请教大珠慧海禅师道:"如何秘密用功?"

大珠禅师道:"饥时吃饭,困时睡觉。"

有源律师不解地说道:"那么每一个人每天都在修行?"

大珠道:"不同!别人吃饭,挑肥拣瘦,不肯吃饱;别人睡觉,胡思乱想,万般计较。"

现代人的生活,普遍追求感官的刺激,以为快乐,其实闭起眼睛来的观照禅心,那才是快乐的泉源。

今日社会，不少人都想升官发财、娶妻生子，但升了官，发了财，他过的生活并不快乐，有夫妻儿女，烦恼更大。还有不欢喜别人的拥有，不喜见别人的快乐，成为最大的生活上的苦恼。如能实践禅者自我淡泊的生活，实践禅者服务喜悦的生活，则当下就是一位真正的禅人了。

1989年1月讲于佛光山

禅堂的生活与清规

禅堂的大小、设备的好坏、地点的远近，
在禅者心目中是没有分别的，
因一入禅境，三千世界的宽广就在当下。

"禅堂"是供给禅者参禅打坐的场所，一向是不对外开放的，因此一般人对禅堂都有一股神秘感。

禅堂的建筑通常长有六丈至十丈、宽四丈至八丈不等，不过也会依参禅人数的多寡而有所更动。禅堂可以是供给短期精进禅坐的场所，也可以是只容一个人的陋室小房子，乃至僻远山洞也都是打坐的好场所。

禅堂的大小、设备的好坏、地点的远近，在禅者心目中是没有分别的，因为一入禅境，三千世界的宽广就在当下。自古以来，多少的禅者在禅堂中悟到人生的真理，照见自我的本性，而成为一代人天师范，禅堂之功实不可没。

禅堂的设备是封闭式的，禅是向自我内心追求，不向外求，所以禅堂不设窗户，主要是让参禅的人能集中心念，不要随着窗外的景物而起分别妄念，否则就失去参禅的意义了。

禅宗初祖达摩祖师曾面壁的河南嵩山,有一座少林寺,传闻过去入了山门的人,除非他的功夫已能跃过那四周的高墙,否则不能走出山门。也就是说要有能够跳越此高墙的能力,出了山门才不会丢了少林寺的颜面,正因如此,少林寺的武功至今仍非常流行。同样的,禅堂的四周虽非高墙,但却封闭,主要是不让外界的污染、妄想、烦恼进到禅堂里来。禅师一再警诫初学者,一进禅堂就要将外面的、过去的一切放在禅堂外,好好安身在心上下功夫。

禅堂通常有两个门,正门写着"正法眼藏",后门通称方便门,是供禅者盥洗、方便之用。打坐时要将禅门的帘子放下来,帘子一放下,就不可以进出、走动,或有音声,尤其是止静的板一敲,世界好像一下子静下来,在寂静的气氛下,自然会感受到禅的气息。

以下分为四点说明禅堂的生活与清规。

一、禅宗的法物与道场

在禅门,每个参禅的人,拥有的物质越少越好,但少到什么程度呢?依现在的斤两来计算,所谓"衣单两斤半,随身十八物",因为一个人东西越少,欲望就越少;东西越多,带给我们的困扰、烦恼也就越多。

禅堂里的禅师,因为使用的物品东西很简单,所以因物质而起的烦恼也很少,欲望少,心自然能自由自在。其实禅师用的物质虽少,但他们内心中却拥有三千大千世界。

平常生活,衣单两斤半,若是外出云游的禅者、云水僧,他可以拥有十八样的东西,叫"头陀十八物":

1. 杨柳枝:现代人用牙膏、牙刷来刷牙,古代的禅师是用杨柳枝来刷牙的。用杨柳枝刷牙,不仅口气芬芳,牙齿也少有疾病。

2. 三衣:就是袈裟可储备三件:一是僧伽黎,又叫大衣、祖衣、杂碎衣、法衣、二十五条衣;二是郁多罗僧,又名上衣、七衣、入众衣;三是安陀会,又名中衣、宿衣、内衣、五衣、工作衣等。

3. 坐具:禅者走到什么地方,随时可以把坐具摊开,在上面打坐。和前面的三衣,通称为"三衣一具"。

4. 澡豆:澡豆即是现在的肥皂粉、肥皂。在过去没有肥皂粉的时代,澡豆是一种清洁剂。

5. 钵:是出家人吃饭的用具。出家人拿着钵向信徒化缘食物,称为"托钵乞食"。

6. 瓶:是装水的用具。

7. 香炉:香炉不仅用来烧香、供佛,在各处行脚,山林水边一炷香,也有驱除蚊虫的作用。

8. 滤水囊:滤水囊就是现在的水壶、热水瓶,过去的禅者参访游学时,用滤水囊装水,饮用时更加卫生。

9. 毛巾:盥洗用的布。

10. 刀:戒刀,用来除草,紧急时也可以防止坏人的侵犯。剃刀,剃除须发。

11. 锡杖:出家人拿锡杖是用来防身的。

12. 奁:镜匣子。

13. 镊子:夹东西的镊子。

14. 经书、律书。

15. 佛像。

16. 菩萨像。

17. 火燧：引火用的石子。

18. 绳床：有时遇到下雨天，地上太潮湿，几根绳子从这一棵树套到那一棵树上，就是一张绳床，可以在上面睡觉。

现在我们到户外活动或至各处旅行登山，都必须装备齐全，也可以说是从过去禅师们参访、云游慢慢承袭下来的。

禅者出外云游最常用的是头陀十八物，如果在团体所居的禅堂里，最重要的法物就是钟板、木鱼。

"钟"，禅堂的报钟，有所谓"钟声传三千界内，佛法扬万亿国中；功勋祈世界和平，利益报檀那厚德"，意义是非常深远的。

"板"，寺院的打板，分为一板、二板、三板、四板、五板等。

古时候没有时钟，是以"更"来衡量时间。一更、二更……五更到天亮。寺院到了晚上，大家都休息了，叫做"开大静"。打一下"笃！"这是一板，表示大家都休息了。通报了以后，打两下"笃！笃！"表示结束。到了早晨约3时左右，到大寮（厨房）叫醒水头烧水，饭头煮饭，打三下"笃！笃！笃！"要大寮的人起来准备；约4时左右，打"笃！笃！笃笃！"四下，这是要全寺大众起床盥洗，上早殿。四板以后，打五板"笃笃笃！笃笃！"接报钟。从一板到五板就是这样轮转。

禅堂的钟板，就是大众的号令，所谓"龙天耳目"，必须相当尊重。钟板的配合有时是"一钟一板一木鱼"，有时是"二板一钟一木鱼"，或者"三板一钟一木鱼"，都代表一些特殊的意义。所以，禅者的生活，不用语言，每天在单纯的号令下井然有序。

另外，诵经时，为什么要敲打木鱼？为什么要用木头做成鱼的形状呢？原来，鱼有一个很特殊的习性，不管是在水中游或静止不动,眼睛都睁着不休息,佛门取其精进的特性,敲打木鱼来策勉禅者要用功不能懈怠。甚至在钟板上面书写"生死事大,无常迅速;珍惜光阴,时不待人",时时警惕参禅的人珍惜光阴。

禅堂里最重要的领导者,佛门称作"维那",其座位旁有个小牌子,写了一句非常重要的话:"大众慧命,在汝一人;汝若不顾,罪归汝身。"也就是说,在禅堂里,大家修行的规矩、法则,都靠维那领导;大家的慧命,维那应好好维护,否则执行不力,就是维那的罪过了。

禅堂里还有一样非常引人关心注意的"香板",香板分有几种:

1. 警策香板:用来勉励大家。
2. 巡香香板:用来巡查坐禅昏沉的人。
3. 监香香板:于禅七时使用,一般是由方丈、首座、西堂、维那、纠察等执行。
4. 清规香板:是属较严重者,犯了清规时,才会请清规香板来处罚。

香板的作用除了以上几种,有的信徒也喜欢请赐香板(打香板),来消除业障,为自己增加力量。

禅宗使用香板的时间并不长。据说清朝时,雍正皇帝非常怀念昔时的国师——玉琳国师,当他得知在扬州高旻寺有一位玉琳国师的弟子,就把这位出家人召到朝中。雍正问他的禅功如何?他回答皇帝:"很惭愧,对于禅没有什么成就。"

皇帝不太高兴,说:"一代国师怎么会有你这么没有出息的后人呢?限你在一个礼拜之内开悟!如果一个礼拜之内不能开悟,我就用这把宝剑杀你。"

于是,卫士每天就在禅堂外,摆一摆、摇一摇这口宝剑,说道:"今天是第一天。"

"今天是第二天。"

"今天是第三天。"

玉琳国师的弟子心想:我这一条小命是保不住了。但是到了第七天,他在情急之下终于开悟了。

他抢了卫士手中的宝剑说道:"究竟是万岁爷要我的头?还是我要万岁爷的头?"雍正也是一个禅家,听到这番话,内心很高兴,如果不是开悟,谁有这么大的口气?

所以,禅门的禅堂,无论是封闭也好、大也好、小也好,主要是让一个有心参禅、悟道者,能有个悟处。

二、禅者的话头与成就

一个参禅的人,总要提起话头来参,"话头",对于学禅的人,是重要的第一步。所谓"参话头",就是提起一念,看这一念的开始来自何处?灭向何方?把这一念、这一个话头紧紧地掌握住,在这话头上回心返照、悟达自性。参话头有两种,一种是无意义的话头,这种话头不可以用一般常识解释,也不可用逻辑推理,因为没有意义,就不必分别研讨。另一种是有意义的话头,如我们平常讲的:"狗有没有佛性?"

"我们无梦无想的时候,主人公何在?"

"万法归一,一归何处?"

"念佛是谁?"

"念佛是我,我又是谁?"

"谁叫我们每天驮个尸体东奔西跑呢?"

"如何是祖师西来意?"

"参话头"就是要一直这样参下去,问到最后,忽然一声"噢!"迷妄的虚空世界粉碎了,这个时候就愣愣地惊奇"啊!"那感觉别有一番景象,这就是开悟。

"参话头"大都是禅师给我们提起,给我们启示。有时禅师把话头提起来了,我们却不知道是什么意思,如龙牙禅师参临济禅师时问道:"如何是祖师西来意?"

临济禅师答:"与我拿禅板来。"

后来龙牙禅师又去参翠微禅师,问道:"如何是祖师西来意?"

翠微禅师回答:"与我拿蒲团来。"

这种答非所问,牛头不对马嘴的对话,在禅者的心里都有一番大道理。又如天台德韶禅师参净慧禅师时问道:"如何是曹溪一滴水?"

净慧禅师答:"是曹溪一滴水。"

一般人看到许多不合理,但在禅者的世界,他已把矛盾统一了,把时空调和了,把心物一如了,把一切众生都一体化了,没有你我的分别,一切都是平等的。

好比,善慧大士有一首诗道:

> 空手把锄头,步行骑水牛;
> 人从桥上过,桥流水不流。

这首偈语若是给语文老师看,一定不通。既是空手,哪有锄头呢?既是步行,怎么还会骑水牛?人从桥上过,怎么会桥流水不流呢?这根本就不合道理。

我们常把世界万有本体和现象之间，甚至人我之间，划分了界限，宇宙间有了这一界限，会把世界分隔得非常零碎，甚至千疮百孔。而禅者他能超越对立、超越根本与现象，因此，没有彼此、没有时空、没有来去、没有动静、没有大小，什么都是一如的，什么都是平等，都是超越的，所以无烦无恼，样样统一，这就是禅者逍遥洒脱的境界，也是禅者随遇而安的生活。

如何静坐？如何参话头？我们在家里的床上、地板上、沙发上，坐下来把意念集中，把精神统一，专注在一句话上面。如同猫捕捉老鼠时，目不转睛、四脚贴地、身毛都竖起来，把全身的力量都集中在一念，参话头就是要用这样的心力！

琅琊禅师有一个女弟子，问禅师如何参话头，他回答："你就参一句'随他去'吧。"

这位女弟子听后，行之不退。有一天，有人告诉她："你的先生和一位漂亮的小姐去看戏、喝酒了。"

"随他去吧！"

又有人跟她讲："今天你家遭小偷了，被偷走好多东西。"

"随他去吧！"

如果我们听了她这样的回答，一定会替她着急，这种事怎可说随他去呢？

有一天，她和丈夫在炸油条，"吱！"一声响，悟道了。她静静地离开锅边，丈夫叫道："喂！喂！你怎么走开呢？"

她答道："随他去吧！"

丈夫："你是不是疯了呢？锅子的油正热着，怎么能随他去呢？"

这位太太看似不近人情,不近事理,可是她一句"随他去吧!"在世间上都能逍遥自在了。日常生活中偶尔看到两个人在交头接耳,不必以为他们是在讲你,"随他去吧!"看到别人的生活不正常,只要不妨害到你,"随他去吧!"看到别人有好处,也不必嫉妒,"随他去吧!"假如在行住坐卧中,待人处事上,能好好运用这一句"随他去!"不必参禅悟道,日子也会很好过的。

三、丛林的制度与清规

丛林的制度是非常民主、平等的,在分工合作下各司其职,有管生活的、有管礼仪的、有管法务的,如维那为规矩之纲领;典座为资生之主管,负责调理饮食;香灯负责佛殿的清洁与事务;司水掌民生所需……因各人根性不同,常住会依各人的性向,给予不同职务的安排,真正做到了"人尽其才,物尽其用"的禅林风范。

月潭禅师曾将出家人分三等:

1. 能够广度众生、广结善缘者是上等的出家人。

2. 虽不能弘法度众,但能维护寺院、保护道场,这是中等出家人。

3. 不能弘法度众,又不能保护道场,只知道吃饭、睡觉,这是下等的出家人。

峨山禅师也说出家人分有以下几等:

1. 能够经得起犍锤的棒喝、打骂,受得了委屈打击,很坚强地面对种种苦难,这是上等的出家人。

2. 虽不能忍耐,受不了委屈,不过对他好,他会感激你的慈悲、你的恩惠,这是中等的出家人。

3. 丝毫承受不了委屈，又不知道感恩，只会怨恨、不满足，常常在你对我好，他对我不好的比较下过日子。没有禅悦，没有法喜，这是下等的出家人。

其实峨山禅师的论僧，不一定专指出家众，我们的社会、国家、公司、家庭的每一分子，都可以用这种方法来衡量，是上等根性，还是中等、下等？能受委屈，能忍耐的是上等；知道对方慈悲，懂得感恩是中等；凡事都不知道的是下等。我们可以用此种方式来认识身边的人，了解众生的百相。

禅宗丛林内的一切都很平等，我们从它各种的名词可以得知，例如：

住持和尚请大家吃饭，叫"普请"；堂主老师说法开示，叫"普说"；客堂下令要工作劳动，叫"普坡"；常住慰劳大众吃茶，叫"普茶"。

加了"普"字，就是大家都平等了、都一样对待了。丛林除此之外，还有"六和敬"的制度，即利和同均、戒和同遵、见和同解、身和同住、口和无争、意和同悦。大家在利益上、戒律上、见解上、语言上、思想上、共住上，都是平等无高下的。

禅宗规矩简单有序，不像律宗的戒律那么烦琐，比如有的禅堂标示着参禅的规矩：

1. 不侮辱修行者。
2. 不亵渎三宝。
3. 不破坏禅堂团体。
4. 不违犯刑事罪行（即杀、盗、淫、掳）。
5. 不宣说自己的成就。

另外，百丈禅师也有"丛林二十条规定"：

丛林以无事为兴隆。修行以念佛为稳当。
精进以持戒为第一。疾病以减食为汤药。
烦恼以忍辱为菩提。是非以不辩为解脱。
留众以老成为真情。执事以尽心为有功。
语言以减少为直截。长幼以慈和为进德。
学问以勤习为入门。因果以明白为无过。
老死以无常为警策。佛事以精严为切实。
待客以至诚为供养。山门以耆旧为庄严。
凡事以预立为不劳。处众以谦恭为有理。
遇险以不乱为定力。济物以慈悲为根本。

这些都是禅林一些重要的规矩与目标。

四、禅门的生活与修持

一个禅者，他的丰姿、他的形象，都显现在日常生活中的行、住、坐、卧之间，所谓"行如风、坐如钟、立如松、卧如弓"，走路的时候，如风一样迅速无声，直走不弯曲；坐下来要如钟一样平稳、庄严；站立时，如松树般笔直；睡觉时，吉祥式的右胁而卧像个弓。有偈语描述禅师之风范，深得其趣：

举佛音声慢水流，诵经行道雁行游；
合掌当胸如捧水，立身顶上似安油。
瞻前顾后轻移步，左右回旋半展眸；
威仪动静常如此，不枉空门做比丘。

念佛的音声如流水一样，慢慢地诵出；走路像雁子般的成行列队,整齐划一;合掌于胸前如捧水般的端正;站立时,精神饱满,头上好像顶着一盘油。昔时中国宫中的嫔妃,乃至现在的世界小姐,也是头上顶着东西来训练丰姿、仪表,禅者也是如此注重威仪。

再说到禅者的走路,都必须瞻前顾后,轻轻移步,看东西时绝不东张西望,只是左右回视的半展眸,其威仪动静经常保持庄重。

当然也有些不修边幅的禅者,不为人间世俗的眼光、看法所左右,如法融禅师,经常是衣衫褴褛、鼻涕挂在嘴边,提醒他鼻涕要流下来,快擦掉,他还回答:"我才没有时间为哪个俗汉拭鼻涕呐!"

有一次,皇帝请他入朝相见,法融禅师拒绝了,并作了一首偈子:

世事悠悠,不如山丘;
卧藤萝下,块石枕头。
不朝天子,岂羡王侯?
生死无虑,吾复何忧。

他的意思是说,世间的一切事情难以预料,不像我们禅者山林水边、卧藤、树下、拿个石头当枕头,仍可以睡得安闲自在。天子都不必朝拜,我还羡慕什么王侯呢?生死对我而言都不在意了,还有什么值得我挂虑、忧愁的呢?

禅者的生活亦可用另一首偈子来形容:

衣单二斤半,洗脸两把半,
吃饭三称念,过堂五观想。

禅者们所拥有的衣物,加起来才不过二斤半重,洗脸只要两把半。什么是两把半?就是一两百个人只用一盆水洗脸,大家轮流用毛巾沾一下,抹一把脸,是一把;再沾第二回,擦一擦脸孔,是两把,这时水已所剩无几了,只好半湿巾角,随意往脸再拭一下,就是两把半。可谓极尽简朴、惜福。吃饭前,要合掌称念"供养佛、供养法、供养僧、供养一切众生",吃饭时,要观想:

1. 计功多少,量彼来处。
2. 忖己德行,全缺应供。
3. 防心离过,贪等为宗。
4. 正事良药,为疗形枯。
5. 为成道业,应受此食。

这些都是禅者为法身慧命、办道修业而接受供养、受食的态度及修持。

常人吃饭不但要美味可口,还要色香味俱全,好吃的就贪得无厌,不喜欢吃的就极端挑剔拣择。而禅者不因好吃而多吃,也不因不喜欢而不吃,只为了疗养色身,好用功办道。他们那种纵使"终日吃饭,也未曾咬着一粒米"的自在无碍,正是我们要学习的地方。

归纳禅门生活的要点,不外乎:

1. 忍辱(从忍辱中去除无明)
2. 劳作(从劳作中来培福报)
3. 修福(从修福中增长智慧)
4. 感恩(从感恩中获得快乐)
5. 参禅(从参禅中解脱自在)

有一位昙照禅师,每天逢人都告诉对方:"快乐啊!快乐啊!我好快乐啊!"有一次不小心掉到水里,几乎要灭顶,他仍无惧地微笑着。可是到了年老卧病在床时,每天却喊着:"痛苦噢!痛苦噢!我好痛苦噢!"

住持和尚听到后,对他说:"你不能老是这样的喊痛苦呀!当年你掉到水里,几乎灭顶都不怕,怎么现在老了、病了,却喊痛苦,你的修持功夫到哪去了?"

昙照禅师说:"你看我这一生,究竟是喊痛苦好呢?还是喊快乐好呢?"

其实昙照禅师他觉悟的境界,不是喊快乐或喊痛苦可以表达的,他之所以喊:"快乐!快乐!"是要大家珍惜光阴;所以喊:"痛苦!痛苦!"是要警惕大家生死无常的可怕。

有一位非常护持佛法的老婆婆,供养一位禅师参禅修道,一供养就是20年。有一天,老婆婆想知道这个禅师的修行如何,派她长得非常漂亮的孙女送饭去给禅师,并吩咐孙女,当饭菜送到时,就一把抱住禅师,看看禅师说了什么话。

孙女到禅师的住处,依照祖母的吩咐,将饭菜放下后,就抱住禅师,那位禅师则一动也不动,冷冷说道:"枯木倚寒岩,三冬无暖气。"

意思是说,我这个修行者像枯木死灰一样,在寒崖的地方,经过三冬,我的心好冷,人我之间的是非、美色、酒色财气……都影响不了我,我热不起来了。

孙女回来把这两句话告诉了祖母。

老婆婆一听,非常失望地说道:"没想到我二十年来竟供养了一个自了汉。"一气之下就把禅师赶走,并烧掉了禅师修行的茅屋。

禅师到处游方结缘,几年后又回到老婆婆的住处,要求老婆婆再护持他修行。三年后,老婆婆又叫她的孙女再去试探禅师,当孙女把饭菜放下,抱着禅师时,禅师也回抱着,并告诉她:"这种事只有你知、我知,千万不可以给老婆婆知道。"孙女回来把这些话告诉祖母,老婆婆一听,好高兴:"我终于供养了一个人间的菩萨。"

禅门修行不光为自己,一定要像菩萨那样大慈、大悲、大热忱来对待众生,不可做自私的自了汉,故在修持上,我们要:

1. 自我观照,反求诸己。
2. 自我更新,不断进化。
3. 自我实践,不向外求。
4. 自我离相,不计胜负。

1984年11月15日讲于高雄中正文化中心

禅者云游与参访

禅师们的云水行脚,另有一种潇洒风姿,
他们来去无碍,也不沾不滞,
对自己的故乡不留恋,对风景际遇也不执取;
视大千世界、万事万物,如雪泥鸿爪不留痕。

禅,主要就是让我们觉悟。过去有禅者悟道了,有人问他:"你悟了什么呢?"

他说:"原来佛祖是凡夫做的。"

也有禅者悟道了,有人问他:"你悟的什么道呢?"

他说:"啊!我现在才知道,原来那些拜佛的师姑都是女人哪!"

古代禅师四处云游参访,无非为了寻求一个"道","道"究竟是什么?禅师们悟道的情况是怎么样呢?

常人言:世间上最快乐的事,就是能够"读万卷书,行万里路"。一个人能够自由自在地到世界各地旅行,这种逍遥的人生令人向往。古代禅者的行脚参访,就像我们现在的旅游那么样地逍遥、洒脱、自在。以下分为四点,对禅者的云游与参访来加以说明。

一、云水行脚的风姿

古时候的禅者,他们行云流水似的各处行脚、参访、教化,那种随遇而安、随缘度化的风采,为人间树立了圣贤的典范,就连赫赫尊荣的大清顺治皇帝也不禁称羡:"天下丛林饭似山,钵盂到处任君餐;黄金白玉非为贵,唯有袈裟披肩难。"这种芒鞋竹杖,以天下为家的洒脱无滞,实在不是一个日理万机的君王所能企及,无怪乎他要慨叹:"百年三万六千日,不及僧家半日闲!"

禅师们平日生活是随缘而又简单的,"口中吃得清和味,身上常穿百衲衣",在清茶淡饭、粗布单衣的生活里,有着"富贵于我如浮云"的怡然自得;清茶淡饭里有甘美的妙味,粗布单衣里有无上的庄严。在这个世间,百年岁月犹如一场乾坤大梦,人生不过是乾坤里的一盘棋局,到最后输赢又能如何?还不如学学禅师们的随缘放旷,任性逍遥,摆脱物质尘劳的束缚,安住于丰富的心灵世界。

有一首描写禅师生活的诗偈:"一钵千家饭,孤僧万里游;为了生死事,乞化度春秋。"道尽禅师们安贫守道的高旷风骨。三衣一钵,竹杖芒鞋,随处参访,随处行化,看起来像是清苦的乞者,其实是世间最富足快乐的人。一般人睡在高广大床上,犹有千般剪不断、万绪理还乱的烦恼、计较;但是禅师们只要"日中一食,树下一宿",心里就很满足自在,没有牵绊,也没有烦恼。

佛陀时代,有一位跋提王子,和两个同参法友在山林里参禅打坐,不知不觉中,三个人异口同声地叫出:"快乐啊!快乐啊!"

佛陀听到了,就问:"你们刚才一直叫'快乐啊!快乐啊!'什么事让你们这么快乐?"

跋提王子回答:"佛陀啊!想当初,我住在高墙深院的王宫里,每天吃的是珍馐美味,穿的是绫罗绸缎,多少卫兵日夜保护着我,但是我仍然感到恐惧,好像有人要行刺我;每天都在不安的情绪里生活。现在出家了,参禅了,吃的东西虽然素简,却甘美饱腹;住的地方虽然是林间树下,却觉得好安全、好自在,所以忍不住欢喜得叫了出来。"

许多人在每天的生活里面,不知道是以什么为快乐。有人以为世间上爱情最快乐,但是爱情像花朵一样,虽然美丽芬芳,却不能长久;爱情像柿子、菠萝一样,虽有那么一点甜味,但是那个甜味里面有酸、有苦,也有涩啊!爱情好像是南北极一样,有时候情欲炽燃热如火,热得我们头昏脑涨,不能自已;有时候爱恨交织冷如冰,让人觉得人生没有意思。

也有人说,世间不一定要有爱情,金钱一样使人快乐。但是金钱并非万能,金钱可以买到一切山珍海味,却买不到健康的食欲;金钱可以买到高级的化妆品、漂亮流行的服饰,却买不到优雅的气质;金钱可以买到名贵的床褥,却买不到安心的睡眠;金钱可以买到千万本书籍,却不能买到智慧;金钱可以堆砌权势,却得不到众人的敬重啊!金山银山,能买到恒久的快乐吗?

爱情,不是最快乐的资源;金钱,也不是最快乐的资源;那么,真正的快乐是什么呢?如果我们的生活里面有禅,像禅者的参访、云游或者是打坐,看世间烦恼如流水,横逆是涅槃。因为有禅,哪怕是短短的一瞬,也足够一生一世受用无尽了。

禅师们云游参访,到处行脚,经过几十年的岁月,有的慢慢会体悟:道,不是在云游参访里面。道在哪里?道在我自己的心里。

赵州禅师有一首诗:

> 赵州八十犹行脚,只为心头未悄然;
>
> 及至归来无一事,始知空费草鞋钱。

赵州禅师非常精进,虽然是年高80岁的人,仍然虚心访道,四处行脚,走遍天涯海角方才知悟:道,原来是在自己心里。

宋朝的江西从悦禅师参访云盖守智禅师的时候,对谈不到几句,云盖守智禅师就批评他:"看你虽然是长沙道吾山的首座,但是谈吐竟如醉人一样!"

从悦禅师面红耳赤地回答:"请和尚慈悲,不吝开示!"

守智禅师问:"你曾参访过法昌禅师吗?"

"学人看过他的语录,已经融会在心,因此没有去参访。"

守智禅师再问:"你曾参访过洞山克文禅师吗?"

从悦禅师不屑地回答:"洞山克文吗?终日疯疯傻傻的,拖一条布裙,作尿臭气,算不上大德禅者!"

守智禅师严肃地开示:"禅在那里!你就往尿臭气去参!"

从悦禅师见守智禅师说得很认真,就依守智禅师的指示,去参访洞山克文禅师,因而深领奥旨,回来后便感谢守智禅师。

守智禅师说:"你去参访克文禅师,觉得如何?"

从悦禅师诚恳恭敬地禀告:"若不是您的指示,我此生就蹉跎了,因此特来礼谢!"

守智禅师道:"礼谢什么?礼谢尿臊气好了。"

以貌取人,这是人间的通病,以衣取人,更是肉眼常见的事例。禅在哪里?禅不一定在庄严相好上,不一定在美好穿着上,"一条布裙,作尿臭气",这是慧眼看到的禅境,因此莲花出于污泥,金玉藏于土石也。大千世界云游尽后，才知道大千世界原来不在彼处，在我们的心里，禅就是这么一个味道。

禅师们云游参访，不是贪看风景，完全是为了寻找一个重要的东西，就是"道"；访道，就是他们的风姿。禅者像行云流水一样，处处逍遥自在。世人被功名富贵、五欲六尘束缚的人生，假如也有那么一点"禅"的闲情逸致，也那样的逍遥参访、云游，也体会那么一点禅的味道，人生不是就美化了吗？

禅师们的云水行脚，另有一种潇洒风姿，他们来去无碍，也不沾不滞，对自己的故乡不留恋，对风景际遇也不执取；视大千世界、万事万物，如雪泥鸿爪不留痕。例如，有名的马祖道一禅师回到家乡，遇见一个老婆婆在河边洗衣服，老婆婆看到出家僧，就问旁人："哎哟！那不是马家那个小三子吗？"她不叫他马祖道一，叫马祖的小名。马祖道一禅师不禁感叹说："为道莫还乡，还乡道不长；溪边老婆子，唤我旧时名。"云游天下的禅师，常常是连自己都遗忘的人。

二、挂单求法的虔诚

禅师们为了云游参访，经常会到一些禅寺挂单食宿。他们为了寻师访道，那种求法的虔诚又是怎样的情况呢？禅宗里有这么一则公案：

达摩祖师在嵩山少林寺面壁，当时有一位博览群书、善读玄理的神光，知道少林寺有一位来自天竺的高僧，便前往就教。但是好几天过去了，每次他来，达摩祖师瞧也不瞧一眼，更别说有只字词语的开示，想起古德那种为求道而敲骨取髓、刺血济饥、布发掩泥，甚至投崖饲虎的决心，神光决定彻夜站立，等候达摩祖师开示。十二月的大雪天里,神光独自默立于雪中,寒风刺骨,积雪深埋过膝,却仍动摇不了他求法的决心。达摩祖师知道他是法器,终于开口问他:"你站那么久做什么?"

"向您求法啊!"

"无上妙道,需要旷劫修持各种难行难忍之行,哪里是轻心慢心就可以求得到?"

神光一听,立刻取出利剑自断左臂,表示自己求法的决心。

达摩祖师沉默了一会儿,问他:"你要向我求什么法呢?"

神光说:"我的心不安,请师父替我安心。"

达摩祖师说:"好!你把心拿来,我替你安!"

达摩祖师笑着说:"好!我已经替你安好了。"

神光恍然大悟。原来达摩祖师要他拿出心来,是让他发现自己的妄心,以唤起他直观自性,了悟真心。古代禅师为法忘躯的精神由此可见一斑。

或许有人会想,所谓的"恍然大悟"究竟是怎么一回事呢?以日常生活中一些浅显的例子来作譬喻:悟,好像是电光石火在刹那间迸出的火花,在那轰然乍现的一刻里,很多久远以前的人、事、物一下子都集中到眼前来,前尘旧事一点一滴都浮现脑海,时间、空间都不能阻碍他所感的这个悟。所以这一悟,他知道自己已不是一个个体,而是和宇宙万有休戚相关;他看到大家,也不会有你张某某、王某某、李某某的差别距离,芸芸众生与他都是一体的。我们所计较的功名富贵,我们所执着的人我是非,我们所懊恼的污辱诽谤,在禅者悟道的胸襟里,不过是一场人间儿戏罢了!

我们到韩国、日本的禅寺去参观,常可以看到许多年轻的和尚跪在寺院的门口,伏在衣单上。他们是在休息吗?不是!他们是在求法。到底要在那里跪多久,知客师才会接受他们挂单?一般大约是七天七夜,也就是要跪足七天七夜,知客师才肯跟他讲话,接他进去。

此外,在日本、韩国的禅寺,每天早上也可以看到许多年轻力壮的出家人,在那里擦地板,打扫水沟;他们都是各个大学毕业的学僧,必须到禅寺擦地板,打扫水沟,或每天出去托钵化缘,做一些修行的工作,经过一年的磨练,才能领到毕业证书。

我在栖霞寺受戒以后,也到各处去挂单。还记得在挂单的时候,可以说受了很多的责骂,很多的委屈。坐在那里,知客师来了,我先向他顶礼,他问:"你从哪里来的?"

假如我用眼睛看着他说:"我是从某某寺来的。"

用眼睛注视对方讲话,本来是很礼貌很正常的事,可是在丛林里,知客师父会大喝一声:"眼睛收起来!看什么?这个地方什么东西是你的!"

有时候,他停下来坐在那里,大家都不讲话,这个场面很尴尬啊!我们只有报告知客师父,很想跟他说话;正要开口,他马上又是一声雷鸣:"闭起口来!这里有你讲话的资格吗?"

为了要参学,要访道,光是这个挂单,就要很恭敬、很虔诚,磨尽我执法执,才能通过。有时知客师父会问:"你到本寺来挂单,有什么供养吗?"

年轻的出家人没有钱,也没有东西,只有说:"我只有身、口、意来供养你。"

他上来就给你几记耳光,这一记挨得很痛啊!忍不住就摸摸头,这个动作又得找挨骂了:"摸什么头!你不是把你供养我吗?你的头已是我的了,还摸什么?"

现在的出家人很有福气,也很没有福气。在台湾,不论你到哪个寺院,还没挂单,大老远就有人招呼:"噢!您来了呀,欢迎!欢迎!"跟过去真不能相比了。过去的禅者在挂单时,受尽种种委屈、种种严厉地考验,但是,他的道就在忍耐里慢慢成长,攒聚养深积厚的功夫。那个时候虽受委屈,却是很有福气。现代的出家人生活在众人欢迎、众人疼爱之中,欠缺我们当初的那种磨炼,未尝不是一种修道的损失。

挂单求法时,要守五条规矩:

1. 要有谦恭下意之心。

2. 要知道次第坐处,也就是懂得长幼进退,知道该坐哪里,知道自己的顺序在哪里。现在的一些青年们访师云游,常常连自己该坐在哪个位置都不晓得。

3. 不论说余事,就是不可以说参访求道以外的闲事杂话。

4. 要细心聆听。到外面参访游学,要多用耳朵注意听、注意看,把它融会铭记在心。

5. 要能信受奉行。

现在的青年学子们,有时候进步很慢,觉得考试好苦好难,主要是事前他没有好好地注意听,好好地用心复习……学佛的人也一样。所有的佛经开头第一句就是:"如是我闻,一时佛在舍卫国祇树给孤独园……"最后一句是:"欢喜踊跃,信受奉行"。有时不免慨叹学佛的人只有半部经,没有一部经,为什么?因为大家都能"如是我闻","信受奉行"却没有。

希望学佛的人,能够从头到尾,有"如是我闻",也能有"信受奉行"。

三、入室接心的参访

入室接心的参访,是学禅者很重要的一课。如果能够跟老师心心相印,念念汇流,在那一刻意志的契合,精神的相融,心意的和谐交流是很宝贵的。

我们向老师参学,第一,要经常呈上我们参访学习的心得。第二,经常地审察自己学习的过程,把自己的见解给老师知道。第三,在公开的地方,要经常地求老师为自己印证,就是"我现在到什么程度了"。经过了前面的三个条件以后,才能单独地入室跟老师对谈。所以我们平常参禅、参学,都说"一定要明师指导",没有明师指导,盲修瞎炼,难保不出差错。

当初,佛陀在灵山会上说法,一字不语,只拿了一朵花,大迦叶尊者会心一笑,佛陀就将正法眼藏嘱咐摩诃迦叶尊者。这个意思就是,佛陀和大迦叶尊者在那一刻接心了——心心相印啊!

两个相爱的人,有时还说这样一句话:换你心为我心,两心结同心。爱情是变幻无常的,爱情的心不容易接得起来;道是永恒不变的,真正用道来彼此接心,就等于现在好的电线和开关接合很好,不会短路出毛病。

六祖惠能在五祖弘忍那儿,经过了八个月的学习以后,根基沉稳了,五祖把他叫到自己的室内,为他印证讲说《金刚经》,说到"应无所住而生其心",六祖豁然大悟,就说了这样的话:

何期自性,本自清净;

何期自性，本不生灭；

何期自性，本自具足；

何期自性，本无动摇；

何期自性，能生万法。

这一刹那，五祖和六祖接心了。

禅师们的接心，有时候也会话不投机，不容易彼此接心。像临济禅师参访黄檗禅师，一直不开悟，黄檗禅师就说："你的因缘不在我这里，你到大愚禅师那里去！"

宋朝时代，日本道元禅师到中国留学，当船在庆元港停泊时，一位年约70岁的老禅师上船来购买香菇。道元禅师很亲切地跟他招呼，言谈中知道老禅师名叫有静，是浙江阿育王寺的典座师父，于是就对他说道："禅师，天色已暗，您就不要急着赶回去，在我们船上过一宿，明天再回去吧。"

有静老禅师也非常有礼地回答道："谢谢您的好意，明天阿育王寺里正好煮面供养大众，今天特地出来买香菇，以便今晚带回，赶着明天应用，所以不方便在此过宿。"

道元禅师道："就算您不在寺里，难道就没有人代理吗？"

有静老禅师道："不，不能让人代理，这是我的职务，怎可轻易放弃或请人代理？何况我未曾获得外宿的同意，不能破坏僧团的清规。"

道元禅师道："您已是年高德劭的长者，为什么还要负责典座这种职务呢？应该安心坐禅，勤于读经呀！"

有静老禅师听后，开怀大笑，说道："年轻人，或许你还不了解何谓修行，请莫见怪，你是一个不懂禅心经语的人。"

道元禅师羞愧地问道:"什么叫禅心经语?"

有静老禅师不做思索,立刻答道:"一二三四五。"

道元禅师再问道:"什么叫修行?"

有静老禅师咬字清楚地答道:"六七八九十。"

道元禅师初到我国时,即遇到有静这位老禅和子,让他知道中国禅林里真是藏龙卧虎,一个煮饭的老者,禅风高峻,深不可测。

什么叫禅心经语?什么叫修行?有静老禅师回答的一二三四五、六七八九十,当然这不一定指的什么,也可以说"一即一切","一二三四五"还不够包括禅心经语吗?

在禅师的参访里,接心有六个原则:

1. 不得贪求玄妙的境界。
2. 不得将心等待觉悟。
3. 不要希求证得妙果。
4. 不可以有妄心,常常怀疑、挂虑。
5. 不可以有恐怖之心。
6. 要肯定自己"自心是佛"、"即心即佛"。

四、解脱自在的禅风

人们常常追求金钱名誉,为名利所苦,禅师则不受世间声色犬马的迷惑,因为在禅的宽阔天地里,上下四方都可以供他纵横驰骋,解脱自在。甚至于生死临头时,禅师们也有了脱的本能,有超越的力量。

例如德普禅师有很多门徒弟子,有一天,他把所有门徒全召齐了,问大家:"我死了以后,你们怎么样待我啊?"

弟子们立刻热烈表示："我们会以丰盛的果物来祭拜,开追悼会、写挽联啊!"

师父说:"哎!我都死了,你们祭我、拜我,我又看不到,吃不到,有什么意思;不如趁我还活着的时候,你们先郑重祭奠我、礼拜我,让我实实在在大吃一顿,等我吃完以后再死,好不好?"

弟子们面面相觑,觉得不可思议。

"还有,我死了以后,你们怎么替我布置灵堂啊?是不是也可以先布置起来,让我看着高兴?"

弟子们为了恭敬孝顺,于是赶快布置鲜花灵堂,准备了珍馐美味来祭拜,德普禅师吃完了以后说:"喂!喂!喂!祭文还没读啊!"

弟子们赶紧再来一段祭文:"呜呼……呜呼哀哉!尚飨!"

德普禅师吃饱喝足,很高兴,就说:"很真实!很好!我很满足,明天中午我就死给你们看。"

到了第二天中午,他真的就悠悠坐化了。

还有一位性空禅师,从他一首临终偈语,我们可以看到他解脱自在的禅风。他说:

　　坐脱立亡,不若水葬,

　　一省柴火,二省开圹。

意思是说,不论打坐去世或者站着死,都没有什么了不起,不如水葬来得好。为什么呢?因为死了用火烧,还得花一笔柴薪费;如果用土葬,也得挖坑埋,太麻烦了!所以还是在水里面死最简单省事。

　　撒手便行,不妨快畅,

谁是知音,船子和尚。

撒手便行,这是多么逍遥自在啊!谁是我的知音呢?恐怕只有船子和尚了。结尾的两句是:

高风难继百千年,

一曲渔歌少人唱。

后来他做了一个木盆,在盆里挖了一个洞,自己坐到盆里头,摇到江心时,拔起洞里的塞子,人与盆就沉没了。

他这样自我解脱不是自杀,活得不耐烦的人才要自杀。禅师们面对死亡,是那么洒脱,那么欢喜,那么自在,对生死都这么轻松,视如儿戏,其他荣辱毁誉,又算得了什么呢?

有名的大梅法常禅师,有一首诗偈叙述他的生活:

一池荷叶衣无尽,数树松花食有余;

刚被世人知住处,又移茅舍入深居。

池塘里的荷叶是他穿不了的衣服,树上的松花是他吃不了的东西,刚刚被人发现自己的住处,唉!嫌烦了,又将茅舍再搬到深山里去。为什么?因为大自然的生活已经享用不尽了,世事浮云,对世间还要求什么呢!

"平常一样窗前月,才有梅花便不同","心中有事天下小,心中无事一床宽",有了禅,大千世界都是我们的禅床,何愁居处不宽绰呢?做工有工禅,务农有农禅,治学有学禅……禅不是专属出家人,禅是属于大家共有的,但愿每一个人都能拥有禅心、体会禅味。

1984年11月16日讲于高雄中正文化中心

从风趣洒脱谈禅宗的人物

禅,不能从世相世智上去看,要透过本质实相了解。
禅师们在日常弘法利生时,
一举手,一投足,行住坐卧之间,
往往很洒脱自在地呈现了人生的真义。

现代生活愈是忙碌,人生愈是动荡,禅在我们生活里,愈显得格外重要。究竟什么是禅呢?禅就是我们自己,就是我们的心,是人生的放旷,是生活的幽默,是一种直觉,一片定慧;禅不在多言,不在世俗文教经典中,没有你我凡圣的差别,禅就是一种光芒、一片灵犀。

不分出家在家,假如每个人生活里都能有那么一点禅味,生活就会不一样。所谓"莲花开水面,亭亭出污泥",禅就像出淤泥而不染的莲花,在任何污浊的生活环境里,都能有清净素雅的心田,"悟则三身佛,迷疑万卷经",有没有禅,差别是很大的。

过去禅宗的人物,有的风趣洒脱,有的幽默自在,有的持重严厉。像有名的六祖大师,隐藏在猎人群中15年,随宜说法,他为什么能如此的坚忍持重?因为生活里有了禅,就有力量,可以随忍随住。

像汾阳禅师,皇帝八次召见,他都不去,再高的荣耀也不动心,为什么?有了禅,死生忧乐不能移,世间万物在他心目中都很渺小了。

南泉禅师混迹樵牧群中,日日打柴、砍树、自筑禅斋,三十余载不下山,为什么?拥有了禅,就拥有宇宙,大千归宿在怀抱,一切风光现眼前,何必再到什么地方去呢?

禅是无你、无我、无圣、无凡,更没有贵贱的差别。为了悟道,有时禅师的修持方式是很严格的。像二祖慧可,为了向达摩初祖请法,苦立至积雪封膝,还不惜自断一臂,以表示为法忘形的决心。百丈禅师被他的师父马祖大喝一声,耳朵聋了三天,领悟了三天的狮子吼。俱胝和尚在有人问道的时候,不多言语,只竖一指,侍者也学和尚竖一指向人说法,结果被俱胝拦指一剪,把虚有表相的指头给剪断,指头断了,侍者也开悟了。云门禅师要出门时,右脚已跨出门槛,左脚还在里面,没想到师父却趁机用力把门一关,这一夹,腿断了,痛彻肺腑之余,也悟到了里外一如的道理。

为了参禅,禅师们严厉的精神实在超乎想象。他们的教化方式,有的很神奇怪异,有的则是幽默自然,有时故意让你受种种委屈、种种的伤害、种种的侮辱;千折万磨,把你的思想、内心逼得走投无路,走到绝望的时候,忽然一悟,峰回路转,真是别有洞天福地。禅的秘意,就在生活日用中,端看我们如何在心田上体悟、受用。

在此,将禅门里一些风趣洒脱的人物,他们参禅生活的点点滴滴,叙述于后。

一、从游戏神通来谈禅宗的风趣洒脱

禅师们因为有了禅,从禅来游戏人间,表现智慧。他们的风趣洒脱,常常透过游戏和神通的方式呈现,带给我们意想不到的感悟。

云升禅师和坦山禅师是师兄弟,坦山禅师是一个不正经的出家人。信徒们都恭敬云升禅师有学问、有道德、有修养;对坦山禅师的不够庄严则摇头叹息,不愿理睬。有一天,坦山禅师买了很多鱼肉下酒,正在屋里吃吃喝喝的时候,云升禅师从门口经过,坦山禅师一见,赶紧招呼:"师兄,来吧!吃一杯酒如何?"

云升禅师一看,非常生气,骂道:"你啊!真是没出息,已经是什么身份了,还吃酒?我可是严守戒律滴酒不沾的。"

坦山禅师一笑,说道:"连酒都不会吃,实在不像个人。"

云升禅师一听,沉下脸责问:"身披袈裟,吃酒已属犯戒,你还骂我?"

坦山禅师笑嘻嘻地应道:"我什么时候骂你了?"

"你刚刚骂我不像个人。"

"你当然不像个人啊!"

云升禅师忍住怒气,追问:"那我像什么?"

坦山禅师放下酒食,坦然说道:"你像一尊佛祖啊!"

禅师们总是用出乎意料的一句话,解决很艰难尴尬的局面。禅,是人生的润滑剂,透过游戏言行,能使生活现出一片幽默的风光。

中国佛教史上,道教道士常和佛教法师辩论斗法。有一次,一个道士向法印禅师挑战,道士趾高气扬地说:"你们佛教怎样高超都比不上我们道教,佛教讲到最高都是'一',一心,一真法界,我们道教讲的都是'二',绝对胜过你们的'一'。比如讲'乾坤'、讲'阴阳',都是'二',胜过你们的一心、一真法界。"

法印禅师笑着问:"真的吗?你们的'二',真能胜过我们的'一'吗?"

道士信心十足,夸口说:"只要你们说'一',我就能'二',一定可以压倒你们。"

法印禅师慢悠悠把一条腿那么一竖,望着道士说:"请你把两只腿竖起来。"

千种难题,万般困扰,禅师一句简单的话,便让他哑口无言。禅,不是卖弄,而是自在自如,假如能心游禅海之中,那么人生处处都是转机,时时皆含妙意。

有一位将军,向大慧宗杲禅师要求出家,一再恳请:"我早已看破红尘,请禅师慈悲,收留我出家。"

禅师语重心长地回答:"你还有妻子,有家庭,社会习气也太重,还不能出家,慢慢再说吧。"

这位将军苦苦请求:"师父,我现在什么都能放下,妻儿家庭我都能放下了,你即刻收我出家吧!"

禅师还是摇头:"慢慢再说,慢慢再说。"

有一天,将军很早来到寺庙拜佛,表示很虔诚。大慧宗杲禅师见到了,有意点拨他,就问:"将军,为何这么早起来拜佛呢?"

将军把胸一挺,威风凛凛地说:"我为除却心头火,特别起早礼世尊。"

大慧宗杲禅师笑嘻嘻问道:"这么早出门,不怕妻子偷人吗?"

将军一听,怒气勃然而生,很不高兴地指斥:"你这老怪物,怎么讲话这么伤人呢?"

大慧宗杲禅师哈哈笑道:"我才轻轻一拨搧,你的炉火就燃烧了,瞋恚心这么重,怎能出家呢?"

参禅求道,就是要身心放下,以平常心随缘放旷,道在生活里自然呈现,这就是禅师们风趣洒脱的特色。

有一次,信徒问一休禅师:"师父,您什么法号不好取,为什么要叫一休呢?"

一休禅师就说了:"一休万事休,有什么不好呢?"

信徒一听,颇觉有理:"不错!不错!一休万事休,很好!"

一休禅师眨眨眼,摇摇头,说道:"一休不好,要二休才好。"

"二休怎么好呢?"

"这个二休嘛,就是生要休,死也要休。生死一起休才能解脱;烦恼要休,涅槃也要休,烦恼涅槃一起休,二休最好。"

信徒一听,非常赞同,连声叫好:"不错!不错!二休比较好。"

一休禅师白眼一翻,又摇头了:"二休不好,三休才好呀。"

信徒觉得奇怪,追问说:"三休怎么好?"

"你老婆今天跟你吵架,像个母老虎,最好是休妻。"

一休禅师板着脸继续说:"做官常常要奉承逢迎,也很辛苦,最好休官。社会上谤议丛生,唇枪舌剑也很累,最好休争。能够休妻、休官、休争,三休岂非最快乐。"

信徒一听,击掌称妙,更是大点其头:"不错!不错!三休的确好。"

一休禅师脸色一正,大摇其头:"四休更好。"

信徒一愣:"四休怎么好啊?"

"酒、色、财、气,四样孽障一起休最好!"

望着一休禅师的庄严神色,信徒衷心悦服,顶礼说:"四休实在好!实在好!"

一休禅师却又微笑起来,摇摇头:"四休不好,最好五休。"

"哪五休?"

"人生最苦就是为了无底海这张嘴。"一休禅师张嘴伸舌示意:"要吃饭,要工作,为一口饭奔波忙碌,受种种苦,假如五脏庙一休,不就众苦皆休,通通都没事了吗?"

在禅宗的宝典里,像禅师这种风趣洒脱的游戏教化公案实在很多。禅师讲说佛法,不但契机化导,言语游戏之间,另开方便神通法门,把诸佛菩萨的至理妙道阐发于无形。

二、从生老病死来谈禅宗的风趣洒脱

有了禅,生活就别有洞天,连生死的风光都不一样了。以下列举几个禅师对生老病死自在洒脱的公案——

有一个信徒问赵州禅师:"师父,您 80 岁了还在参禅、打坐、行脚,这样的修行实在少有。请问您百年以后,会往生到哪里?"

赵州禅师立刻回答:"我死后当然到地狱里。"

信徒听了,半信半疑:"师父,像您这样大修行的人,死后怎会到地狱呢?"

赵州禅师慈眉善目地看着他说:"我若不到地狱,谁来度你这种人呢?"

从另一个角度来看：禅师愿意到地狱，跟你受苦受难，帮你得度，这是何等宽敞的胸襟？连生死都可以置之度外，懂得禅，真是任运自在。

有一天，临济禅师带着普化禅师到信徒家里接受供养，结果普化禅师把饭菜打翻了两次。到信徒家做客，把饭打翻了，这是非常不礼貌的事。所以临济禅师就对他说："你不要这样粗心。"

普化禅师故意做出吃惊的样子说："咦！师父，你的佛法还有粗细吗？"

临济禅师当着信徒的面，不便因示法而冷落主人，只好无可奈何地说："唉！你实在像一头牛。"

普化禅师立刻学牯牛叫："哞！哞！"

临济禅师笑骂他："像个贼！"

普化禅师又赶快圈嘴喊："来抓贼噢！抓贼噢！"

禅师们在生活中谈禅，你一言我一语，看似平凡，佛道却在风趣中显现。忽人忽牛忽贼，超越了时空的限制，甚至拿生老病死开玩笑，这样不着重外在形式的修持，也是禅师洒脱的特长。

有一次，道吾禅师带着弟子渐源，到信徒家为亡者诵经超度。

渐源敲着棺木，问师父："棺木里的人，是生？是死？"

"不说生，不说死。"

"为什么不说？"渐源疑惑地问。

道吾禅师回答："不说就是不说。"

在回寺途中，渐源道："师父如果不说，以后我就不去檀家诵经。"

道吾禅师说："不去就不去，我就是不说。"

渐源真的从此就不去为人诵经超度。

后来,道吾禅师圆寂后,渐源到石霜禅师的道场参学。一日,渐源以相同的话问石霜禅师。

石霜禅师说:"不说生,不说死。"

渐源问:"为什么不说?"

石霜禅师说:"不说就是不说。"

渐源这时终于在言下大悟。

生死、轮回,这是就事相上而言,其实我们的真如本性,又哪有生死之分呢?棺材里的人,从有为法的体相上说,有生有死,若从无为法的自性说,就无生无死。人的身体可死,佛性却不会死呀。

一般人常把苦乐、生死分开来讲,认为生是快乐,死是悲伤。事实上,快乐也好,痛苦也好,生也好,死也好,一切都是因缘使然,常人如能认清这一点,当下承担,那么生死都是一样。

然而,世人多半颠倒妄想,贪瞋痴妄习气太重,活着的时候,住宿要高楼别墅、华屋美厦,吃穿要锦衣玉食、绫罗绸缎,生活喜好奢侈享受,生也放不下,死也放不下。反观禅师一衣一衲一钵度终生,不以物喜,不以己悲,悠游一世,死后化骨扬灰,乘愿去来,就是这么洒脱自在。面临生老病死,禅师永远只有洒脱的呼声。

三、从荣辱毁誉来谈禅宗的风趣洒脱

荣辱毁誉,对禅师来说,是精进的道粮,是逆增上缘。

我们尊贵的教主佛陀,当初在世的时候,也常受种种的侮辱、陷害。像提婆达多一再派人行刺佛陀,鸯掘摩罗屡次要杀害佛陀,连外道的婆罗门都千方百计想陷害佛陀。有一天,佛陀正在宝座

上讲经说法时,一个女人挺着大肚子走进来,招摇叫嚷着说:"喂!释迦,你不要光会讲经,我们的孩子怎么解决啊?"

大众听了,都惊讶万分地望着佛陀。座中神通第一的目犍连尊者,他运用神通把这个女人肚子上系的带子拆断,只听几声"咽咽咽",一个小木盆子咕咚咕咚滚出来,于是真相大白。

当那女人公然诬告佛陀的时候,佛陀没有气愤不平;女人的阴谋被拆穿了,佛陀也没有得意。禅师的心即是如此皎洁如月,沉稳如山,毒箭恶语伤毁不了,毁誉荣辱动摇不了。禅师安住在定慧一如的禅境中,精进菩提道,是"八风吹不动"的。

有一天,大道禅师在客堂接待信众时,一个30多岁的妇女来请他开示佛法,和大道禅师讨论完就走了。她回去以后,大道禅师发现椅旁有个坛子摆在那儿,这是什么?大道禅师想了想,大概是那位太太她家人的灵骨坛,放着忘记拿回去了。大道禅师赶快替它设香案,上香供菜又诵经超度,心里想:大概过几天她会来拿。

三五天过了,都没有人来拿。三个月以后,大道禅师就写一封信给她:"太太,您记得吧?那天您到我们寺里来,我没有好好招待您,您遗留了一件东西在此,有时间请来把它捧回去好不好?"

大道禅师很慈悲,怕那位太太伤心,不明指是骨灰坛。可是那个妇女收到信,却另有误会:"这寺里的和尚真不正经,我拜访他一次,他就借故和我攀缘,又叫我再去,这和尚用心暧昧,我才不上当呢!"

一番绘声绘影的,好像真有这回事一样,她逢人就张扬:"寺里的和尚居心不良呀!居然对我不安好心呢!"

有位信徒听到了,劝她:"你不能这样乱讲,师父是很有修行的。"

"我哪里是冤枉他,我有情书可作证明!"

信徒就向大道禅师查询是否真有其事?大道禅师一听,大为吃惊:"有这样的事?她的坛子确实在这里呀!"

"坛子里面是什么东西?"

"我没有打开过。"

信徒基于义愤,把坛子打开一看:"师父!是一罐豆瓣酱啦!"

大道禅师哑然失笑,无奈地把手一摊,说:"是我愚痴!竟然拜了几个月的豆瓣酱。"

其实,大道禅师并不愚痴,一坛豆瓣酱,在他心里却是庄严的化身。是佛祖,是清净、明亮、无瑕、尊贵的心。而那个妇女呢?因为她没有禅心、好心,不能领受禅师的慈悲,反而染上无明烦恼、地狱、恶鬼的念头。心地肮脏的人,再慈悲的禅意,都会污染成为肮脏的垃圾。而禅师则自在无碍,不会被这些无明烦恼、荣辱沾染。

普现禅师有一次行脚参访,经过小镇街上,一个女人倚楼向禅师呼叫:"喂!和尚上来噢!上来噢!"

普现禅师听见人家叫唤,以为有事求告,就上去了。到了楼上一看,这地方不大对劲,好像是个烟花酒家。禅师叹一口气,心想:"一生都在参禅的人,怕什么?"

把毁誉得失的心都放下了,禅师也不管女人的低俗和环境的喧闹,自顾自挑了个角落打坐,一更、二更、三更过去了,那女人看禅师久无动静,实在忍耐不住,就推推禅师说:"喂!和尚!睡觉了。"

普现禅师一副老僧入定的模样,眼睛睁都不睁地说:"睡觉是你的特长,打坐是我的特长。"

禅师依然静坐不动。女人一看自讨没趣,只好自己先睡了。

第二天早上,老板来收钱,禅师还是忍耐包容:"多少钱?"

老板粗声说:"400元啦!"

禅师默默拿出500元付给他。找了100元,那女人伸手过来抢,嘴里叫道:"这100元给我吧!"

普现禅师面容一正,用低沉的声调说道:"你如此堕落,我从昨天到今天,都尊重你的人格,现在你连这100元也贪心想要,真是业障!出卖身体也罢了,连灵魂也污染不堪,你这样还像个人吗?"

这个女人被普现禅师一教训,深感惭愧,很不好意思的把100元拿出来:"还给你。"

普现禅师并不接下,又推回去,叹息道:"给你吧,你的人生价值也只有这么多。"

禅师不是心疼那100元,而是为那女人自甘堕落,不懂得自尊、自爱而生气。禅者能自尊自重、定慧观照,纵然在最恶劣的环境中也能洒脱自如,不失庄严。因为有了禅,就有智慧观照,能看透随着荣辱毁誉而来的欣喜与厌恶,而一切无所系念与执着,自然能走出一片清明洒脱的天空,这也是禅者参禅求道的高远境界。

四、从弘法利生来谈禅宗的风趣洒脱

禅师们弘法利生,是慈悲与道德并施,在应机教化之间,大有一片巧妙风光。

有一位诚拙禅师,皇上敬重他的道德风范,送给他一块匾额。皇上赐匾不能乱放,禅师想了想,只得赶快建个山门悬挂。为了建山门,只好向信徒化缘。有位富有的信徒,慷慨捐出了500两银子,拿给诚拙禅师时,特别提醒说:"这是五百两银子哟!"

诚拙禅师点头致谢:"好,好。"

大财主看禅师没什么反应,以为是自己声音太小,禅师没听清楚,就高声重述一次:"师父,这是五百两银子啊!"

诚拙禅师依旧点头致谢:"好,好。"

大财主终于无法再忍耐了,大声说道:"师父!我们赚钱也不容易啊!五百两银子给你,怎么你一句赞美的话都没有?"

诚拙禅师依然一语不发,站起来往大雄宝殿走去。信徒生气的随后追赶过来,开口就骂:"岂有此理!五百两银子不是小数目耶!怎么谢都不谢呢?"

诚拙禅师走到大雄宝殿门口,向着佛祖一礼说:"佛祖啊!他五百两银子捐给您,他要我来说谢谢。"

禅师作侧耳倾听状,又点点头,回头对信徒说:"好,谢谢你!你把谢谢带回去吧!我们银货两讫。"

诚拙禅师就是这样潇洒。你捐献,我替你代办佛事,又何必要我来谢谢?一讲"谢谢",不就银货两讫了吗?现在的人,常常布施有相,不懂得无相布施,有些人虽然努力做无相布施,可是也做得不大好。比方说:捐了一万元,自认是无相布施,不要名,只要写个无名氏就好了。可是逢人却张扬说:"你看!你看!捐一万元的无名氏就是我啦!"这种不要名的无名氏,实在是更要名,要"无名英雄"这更高的名。像诚拙禅师用银货两讫来指点信徒,需用无相来布施,其意义非常深奥。

有一次,仙崖禅师走在街上,见到一对夫妻吵架,太太当街对丈夫叫骂:"你哪里像个男人?没出息!"

男人气冲冲地恐吓:"你再讲!你再讲!再讲我就打你!"

"你打!你打!你就是不像男人!"

男人一个箭步冲上去,啪!一个耳光打过去。仙崖禅师立刻高声叫喊:"来看哦!来看哦!看斗鸡要钱,斗蟋蟀要买票,斗牛斗狗都要票,来看哦,免费欣赏斗人哦!"

这一喊,惊动了半条街的路人,纷纷好奇地围拢来看,那夫妻俩就吵得更凶了,男的跳脚大骂:"你再说!再说就杀了你!"

女的狠狠地破口大骂:"你杀啊!你杀啊!"

仙崖禅师更加大声宣传:"精彩!精彩!现在要杀人了,精彩噢!要杀人了噢!"

看热闹的人里面,终于有人忍耐不住了,站出来问:"和尚,穷嚷嚷什么?人家夫妻吵架,你不劝架也罢了,怎么幸灾乐祸呢?"

仙崖禅师摆摆手:"不是幸灾乐祸,他们死了以后,我好替他们念经。"

这个看热闹的人就和仙崖吵起架来,这时众人的注意力转向,那对夫妻也休战了,一起围过来看热闹:"他们吵什么?"

仙崖禅师看他们夫妻不吵架了,就对他们开示:"我有几句话奉献给你们:再厚的冰块,太阳出来也会融化;再生硬的饭菜,熊熊的烈火也会煮熟。夫妻彼此要像太阳温暖对方,要像一把火,热热地融化对方,让对方成熟,互相敬重才好。"

禅师在世间弘法利生,往往三言两语就可以发人深省。禅,就是这样风趣、自在。

有一位信徒做生意倒闭了,来向一休禅师道别:"师父,我负债倒闭,这里不能住了,我准备远走高飞。"

一休禅师问:"你欠人的债,要还啊! 还清了再走。"

"我没力量还啊!"

"叫儿子还。"

"我没儿子。"

"叫女儿还。"

"女儿怎么有钱?"

"女儿嫁个金龟婿,不就有钱了吗?"

"我女儿才8岁,怎能嫁人呢?"

"谁说8岁不能嫁人? 嫁给我好了。"

"师父开玩笑,出家人怎么可以娶妻?"

"这样我才能替你还债啊!"

信徒看一休禅师一本正经的样子,实在没有法子,只好将信将疑地问:"你怎样娶我的女儿呢?"

"你回去发请帖,说某月某日一休要娶你的女儿、做你的女婿,欢迎大家来观礼祝贺。"

信徒无奈,回去照做了。结果到了那天,大家都好奇地来看究竟怎么一回事。不料,一休禅师却当场写字作画,由于一休的书法是十分有名的,因此大家争相收购,纷纷请他题字。这样一来,很快就赚了不少钱。到了晚上,一休禅师问信徒:"今天卖字画的钱,够不够还债呀?"

信徒数数,除了还债,还剩很多,一休禅师很欣慰地说:"好了,你不必躲债逃亡了,我也不做你的女婿了。"

禅师处理事情多么风趣啊!

还有另外一段公案,也可以看出一休禅师的机智洒脱——

有一天,信徒送给一休禅师的师父一瓶很甜很香的醇蜜。师父急着出门,又怕这瓶蜜被吃掉,就把一休叫来,叮咛道:"一休,这是一瓶毒药,千万不能随便碰,你好好看家。"

一休年纪虽小,却很灵巧,师父前脚一走,一休就把一瓶蜜吃掉了,又不小心把师父心爱的花瓶打破。师父回来后,看到满地碎片,惊问道:"好大胆!谁打破了我心爱的花瓶?"

一休流着泪上前自首:"师父,是我啦,我不小心把花瓶打破了,知道师父很喜欢它,自觉罪孽深重,没脸向师父忏悔,就把那瓶毒药喝掉了,打算自杀谢罪。"

这样的谢罪法,使人哑巴吃黄连,真正哭笑不得。

有一位信徒来找乐善禅师,问道:"禅师,我太太悭贪不舍。请你慈悲为她开示好吗?"

禅师答应了。见到这位太太,就举起一个拳头说:"你看我的手天天都是这样,不知怎么回事?"

那位太太说:"这是畸形的毛病。"

禅师把手张开,又问:"假如天天这样呢?"

"也是畸形!"

禅师伸手指着她说:"太太,你把钱赚进来,而不知布施出去,也是畸形。钱,要懂得运用,要像流水一样流通,能出才能进。"

在禅师的教示下,许多做人处事的道理,忽然明晰起来了。

过去参学的人到寺庙挂单,要和住持和尚论道,赢了才可以挂单。有一次住持身体不适,不得已只好找瞎了一只眼的师弟庖代,和尚交代他:"师弟,今天请你替我跟挂单的人对话。"

师弟连忙推辞:"不行呀!我不会说话呀!"

住持安慰他："不讲话最好。"

不久，对方来了，师弟就坐在那里不讲话，对方伸出一根指头，他就伸出两根指头，对方比三个指头，师弟就举起一只拳头，最后那人说："输了！我输了！"不挂单就离去了。

有人好奇，问这个人到底是怎么输的？他说："我跟他比一根指头，表示大觉世尊，人天无二，唯我独尊。他用两根指头驳我：佛法虽二，二而不一。我举三根指头，意指佛法僧三宝一体，团结一致，佛法长存。他却大大咧咧举个拳头表示：不谈空话，空有一体，圆融一致。每次他都比我有理，我怎么能不输呢？"

这一边，住持听说挂单的人走了，就问师弟："你怎么打发那人走的？"

这个师弟气冲冲地说："那人存心不正，一来就伸出一指，骂我独眼龙，只有一个眼睛；我尊敬他是客人，勉强竖起两根指头，称赞他有两个眼睛很幸福。没想到他竟又竖三个指头，嘲笑我们两人一共三只眼，我气得握起拳头来要揍他，他就吓跑了！"

有时候，是佛法的，不是佛法；不是佛法的，是佛法。禅不只是闭眼打坐，禅是无所不在的。有时候看似离禅很远，不是禅法，甚至打你、骂你，虽然奇形怪状，却能把禅的味道显露出来。

如同微风是风，台风也是风，松树是树，柳树也是树；禅，不能从世相世智上去看，要透过本质实相了解。禅师们在日常弘法利生时，一举手，一投足，行住坐卧之间，往往很洒脱自在地呈现了人生的真义。

1985年5月12日讲于台北"国父纪念馆"

从教学守道谈禅宗的特色

禅不是出家人专用,更不是在家佛教徒独享,
无论是信仰还是不信仰宗教,
任何人都可以参禅,禅是普及大众的。

"禅和我们究竟有什么关系?""了解实践以后,究竟有什么利益?"事实上,如果能了解禅,我们的生活烦恼会减少,对事情的看法不会颠倒,很多矛盾、差别的现象也可以统一起来。有了禅以后,一身如云水,悠悠任来去,穷也好、富也好、有也好、无也好,透视梦幻空花的尘世,得到大解脱自在。有了禅,心中就有定、有力量,连生死都不畏惧,禅,是凌驾于一切之上了。

禅不是出家人专用,更不是在家佛教徒独享,无论是信仰还是不信仰宗教,任何人都可以参禅,禅是普及大众的。

有一次,梁武帝请有名的傅大士讲经,他上了台,抚尺一拍,即下座。素有神通的宝志禅师立刻提醒梁武帝:"傅大士已把《金刚经》讲完了。"

禅就是这样,最好的说法,最究竟的语言,就是"抚尺一拍";虽是不讲,却一切都已讲了。此即是"一身原不动,万境自虚陈"的妙

高禅境。

还有一次傅大士讲经,梁武帝圣驾亲临,大家都恭谨地站起来迎接,傅大士却稳如泰山地坐着不动,有人急急催促道:"皇上驾到了,还不快快站起来!"

傅大士一笑,说道:"法地若动,一切不安。"

在禅法之前,天下的权位财势、世间的荣华富贵都显得藐小了。

另一次,傅大士头戴道冠,身披袈裟,脚跂儒鞋出现。梁武帝一看,十分错愕地指着他的帽子问:"你是道士吗?"

傅大士指着袈裟说:"不是!我是和尚穿袈裟。"

"你是出家和尚吗?"

傅大士又指指脚下:"你看!"

"是儒鞋,你是儒士吗?"

傅大士摇摇手,往上指着头问:"你看,我是什么?"

道冠、儒鞋、佛袈裟,合三家为一家,意思是:禅,是包容一切,禅不是隐居深山老和尚的专利,禅是儒、释、道三教九流社会大众每一个人都需要的。

提到教学,禅门是很讲究师徒相传和悟解的。禅宗的教学和现在的社会教育方法不大一样,以下列举几点不同处:

1. 沉默法:现在社会上,无论是家长或老师都提倡爱语的教育,用温言软语开导。禅师们常常不用语言,沉默相对,一默一声雷,在宁静悠远中气象万千,比任何语言还要响,还要多。

2. 棒喝法:一般教育提倡爱心的教学,苦口婆心的教授。禅门提倡棒喝,一声霹雳破除黑暗无明,照见自性真情。像"马祖一喝,百丈耳聋三日",像黄檗禅师和临济禅师的"道得也三十棒,道不得也三十棒",都是棒喝式教育法。

3. 问难法:现在的教育提倡启发式教育,一步步引导。禅门讲究问难、机辩的追究,一改被动启发为主动探求。

4. 劳苦法:现代教育讲究有安静的读书环境,在宁谧幽雅的气氛中学习,禅门却不只要在安静中受教育,更提倡在劳动、劳苦中参学。所以搬柴、运水是参禅,推磨、舂米也是参禅,砍柴、挑担无一不是参禅,从劳苦里面慢慢体会禅的意义,品尝禅的法味。

在这样的教学方式下,阐发了禅的意蕴:饮一水一冷暖,跌一跤一苦乐;自身疾苦自身担,自家宝藏自家知。

以下将禅宗教学守道的特色分为四点来说明。

一、从肯定自我来谈禅宗的教学守道

禅门,讲究不被人牵着鼻子走,不能东风吹西边倒,西风吹东边倒,一点自我的主张都没有,必须自我肯定:"丈夫自有冲天志,不向如来行处行。"这就是禅师自我肯定的特色。

南隐禅师的禅法名望很高。有一次,一位居士心里不服气,来找南隐禅师辩论禅学。两人见面后,南隐禅师一言不发,拿了茶壶倒茶请他喝。茶注满了,南隐禅师没有停止,仍然不停地倒……这位居士终于按捺不住,叫道:"禅师,茶溢出来了,不要倒啦!"

南隐禅师这才开口,微笑说道:"你心里的杯子这样自满,我的禅法怎么能装得进去呢?"

在禅门里,肯定自我是一种本心自明,不是自满。

有一位学者问禅师:"佛在哪里?"

佛在哪里？佛在西方极乐世界？在东方琉璃世界？其实，佛无所不在，"佛在灵山莫远求，灵山只在汝心头"。

有人问禅师："佛是什么？"

禅师望着他，把手一摊，说："我不敢告诉你，因为你不会相信的。"

"你的话很有权威，我哪敢不相信呢？"

禅师点点头说："你刚才问什么？再问一次。"

"我问什么是佛？"

"你，就是佛。"

"我只是一个凡夫，怎么可能是佛呢？"

在禅门里肯定自我，是一种移情化性，让自己做个佛菩萨，而不巧立名目，戴高帽子，所以自我肯定最重要的是："如何知道我是佛呢？"

禅师的回答是："一翳在眼，犹如空花；但离妄缘，即如如佛。"

眼睛长了眼翳，则所见犹如空花一般，看不清楚真实的形体，若能把心里的妄想妄缘统统卸下来，真心现前，那就是我们自己的如来佛了。

佛教教人守道，是在妄念上修行。有人问惟宽禅师："道在何处？"

惟宽禅师回答："道，只在眼前。"

"我怎么没有见到呢？"

"你执着自己，所以见不到。"

"我有执着，不能见道，不能见真理。禅师，你见道、见真理了吗？"

"有你我的执意分别,更加不能见道啦。"

"假如没有你我的分别,无我想,无人想,是不是就能见到道、见到真理了呢?"

"无我无你,谁来见道?谁见真理?"

我们常说要修行、修道,道在哪里?道就在我们脚下,要自己去走,摆脱个人的见识,用宇宙永恒的眼光来看待一切。禅的教学守道方式很独特,肯定有,不对;讲无,也不是。空、有都非究竟,禅是要非空非有,离形去智,息尽妄缘的。禅要两头共截断,一剑倚天寒。

自我肯定,当下承担,是禅者证验、修持登上光明藏的妙阶。

南泉禅师问陆亘大夫一个问题:"有人在瓶里养了一只鹅,鹅在瓶内渐渐长大,瓶口很小,鹅出不来了。如果不得毁瓶,不可伤鹅,怎样才能让鹅出来?"

不把瓶弄破,鹅怎么出来?陆亘大夫蹙着眉走来走去,左思右想不得其解。这一思维就落入有想有分别的窠臼,就不是禅了。禅是当下承担的,所以南泉禅师随即叫了一声:"陆亘!"

陆亘大夫随声回应:"有!"

南泉禅师笑呵呵道:"这不是出来了吗?"

我们的心为什么像鹅一样被束缚起来?我们的身体,我们的家,可以给我们安住吗?我们的心只要洒脱一点,开阔一点,就能跳出瓶口,走出象牙塔,何必自我束缚在生活里面?何苦拘泥于身躯之间?所以禅师闭关,关房虽小,心却宽如法界,来去无碍。假如牢狱里面的犯人也懂得禅,虽然身体被禁锢,失去自由,心仍可自由飞翔。然而这种自我肯定的自由,不单在牢狱里的人不易体悟，一般人也难以获得。禅的本来面目是不垢不净、不增不减的。求道要像云水般自然，不必刻意向外营求，重要的是自我肯定，往内用心，心清净了，禅道便自然呈现。

有弟子问云门禅师："世间有三种病人：瞎子、聋子、哑巴，我怎样教他们学禅呢？"

云门禅师即刻喝斥："既来请益，为何见而不拜？"

弟子赶忙就地一拜，刚抬起头，云门禅师挥起拄杖就打。弟子大惊，向后急退，云门禅师哈哈大笑道："你没有瞎嘛！不要怕，来！到前面来。"

弟子惊魂甫定，依言向前走了两步。云门又笑道："你听得到，没有聋呀！"

举起拂尘，"你会吗？"

弟子应声说："不会。"

云门禅师又哈哈大笑道："你不是哑巴嘛！"

我们的眼、耳、鼻、舌、身，都害病了，有眼不能视，有耳不能闻，有口不能言，有身不会养，都是由于心灵迷昧，终成盲聋瘖哑。云门禅师以快刀斩妄识的教法，揭示朗朗乾坤的心地。现代人五官健全，生活安康，却因心地蒙昧而自寻烦恼。许多父母千方百计把儿女送到美国读书，放不下心，又想尽方法到美国探望。到了美国之后才发现，可以说是个六根不全的人——讲英语，听不懂，是个聋子；看英文，看不通，像个瞎子；开口不会说，像个哑子；出门不会开车，成了跛子；儿媳生了小孩，要替他们照顾孩子，年少养儿老养孙，又成了孝子，有人称这为"新五子登科"。不懂禅，生活里增加了多少痛苦！

很多人被无明覆盖,不知返观自照,不知运用自性宝藏,反而以眼、耳、鼻、舌、身、意六识攀缘虚妄不实的幻境,当然不能安住。《金刚经》云:"不应住色生心,不应住声香味触法生心,应无所住而生其心。"实在蕴含很深奥的意义。

禅师寂灭外缘,对境不起憎爱,朝向肯定的大道精进,声光幻影迷惑不了禅师的心,他的心常住于清净中,如实地办道。

石屋禅师有一个朋友,是一个小偷,恶习难改。有一次,他偷石屋禅师的东西,被禅师抓个正着。禅师责问他:"你偷人东西,偷多少次啦?"

"数不清,总有几百几千次吧。"

"你偷了多少东西?"

"不多,一次顶多千儿八百元啦。"

禅师哈哈大笑说:"你真是个小毛贼,换是我,不下手则已,下手就大偷!"

小偷惊讶问道:"失敬!失敬!原来是老前辈了,请教怎么个偷法?"

石屋禅师倏然伸手,作势抓住小偷的心口说道:"宝贝不就在这里吗?自从这里的宝贝被我偷到了以后,我一生享用不尽啦!"

我们的心,要自己掌握住,做自己的主人,才能终身受用不尽。禅是什么?就是我们的真心,有了这种真心,还有什么比这更好呢?

龙牙禅师有一首自我肯定的诗:

一室一床一茅屋,一瓶一钵一生涯;
门前纵有通村路,他家何曾是我家。

一个禅者,一生只有一间房、一张床、一所茅屋,生活简单自然。门前虽然有路通到别人的村庄,不过他家何曾是我家,我们何必到外面攀缘呢?桃源虽好非我有,自家虽寒窗,却是我安身立命处。有道是金角落、银角落,不及自家的穷角落。不识本心,学法无益;不识真性,与道相远。禅是要大家自我肯定,肯定自心本无一物,不以物喜,不以己悲,洒脱淡泊,自在无碍,把自己的生命走出一片坦荡晴空。

二、从惜福结缘来谈禅宗的教学守道

禅者,山中卧衲衣当被,头裹瓠瓢作枕。离世隐居,物欲淡泊,不只生活简单,而且爱物惜缘。一草一叶、一瓦一土、一字一珠,在禅者的手中都能活用起来,不随意浪费大地的一点资产。像天台左溪尊者,泉水可以洗昏蒙,云松可以遗身世,孑然独居一室,自有法界之宽。他一生行谊尤其令人称道,"非因寻讨经论,不虚燃一灯;非因瞻礼圣容,不虚行一步;未尝因利说一句法,未尝因法受一毫财",这样的操守,可说是惜福结缘的最佳典范。

有一次仪山禅师要沐浴,弟子替他准备了洗澡水。禅师来到澡池边,探手一试说:"太烫了,加一点冷水。"

弟子盛水来,加了一半,剩下一半水就把它倒掉了。仪山禅师看了很生气,骂道:"你这个业障鬼!滴水如金,水是有生命的。你把它浇在花上,花会欢喜;洒在树上,树会生长。这么宝贵的生命资源,你怎么可以轻易糟蹋掉呢?"

这个徒弟经过这次严厉的教训后,把自己的名字改成"滴水",自我警惕"一滴水也是甘露泉",这就是有名的滴水禅师。

禅门的生活如此简朴，不贪求尘世的一切物质。渴饮山泉，凉而甘美；饥食菜根，淡而飘香，对于一草一木、一坐一盘都非常爱惜。假如我们也能有滴水和尚这种惜福结缘的精神，会使生活别有洞天。

任何东西不是只有物质上的价值，内心的认定更重要。虽是一滴水、一朵花、一支笔、一张纸，都非常宝贵。能珍视这许多东西，才会惜福结缘，这么一来，世间何物不宝贵呢？

有一位七里禅师，在佛殿里打坐参禅，半夜闯进一个强盗，低声叫："钱拿来！没有钱要你的命！"

七里禅师不动声色，回答他："不要打扰，我在参禅。要钱，钱在佛祖下面的抽屉，自己去拿。"

强盗拉开抽屉，取了钱，正要走，七里禅师说："不要通通拿走，留一点，我明天还要买香花供果。"

强盗真的依言照办，瞪着眼往外走，正要踏出门，七里禅师又道："站住！"

强盗吓了一跳，回过头来，只听七里禅师说道："你拿的钱是佛祖的，不向佛祖说声谢谢就要走吗？"

强盗被说动了，向佛祖点头称谢，一溜烟地逃了。

不久，这个强盗给警察抓了，供认曾经偷了七里禅师的钱。警察带他来让七里禅师指认。七里禅师说："没有呀！他没有偷，他已经向佛祖道谢了啊！"

七里禅师以慈悲心来结缘，这种教学守道的方式感动了那个强盗，后来他悔过向善，并且做了七里禅师的弟子。

禅宗的惜福和结缘常常互为因果，密不可分。有一则公案说明了福报的因缘——

一天,雪峰、岩头、钦山三位禅师结伴行脚,外出教化。他们顺着河流往上走,正商谈如何弘法时,雪峰禅师肚子饿了:"今天住哪里啊?"

忽然看到河流里有一片青菜叶子,顺着水流下来,钦山禅师指着说:"你们看,有菜叶漂流下来,可见上游一定有人住,到那边就有饭吃,可以歇脚了。"

岩头禅师凝目注视水里那根菜叶,摇头叹息:"唉,这上游的人家,连这么一根翠绿的菜叶都不爱惜,竟让它流走,实在可惜。"

雪峰禅师也说道:"这么不珍惜的人家,不值得教化,我们还是到其他村庄歇脚吧。"

三个人正在你一言、我一语的议论时,上游有一个人"砰砰砰"沿河跑下来,气喘吁吁地一路寻觅什么。禅师问:"找什么?"

那个人满头大汗地说道:

"我刚才洗菜,不小心一片叶子被水冲下来了,我正在找那片菜叶子。"

雪峰禅师三人一听,高兴得哈哈大笑,点头称许:"这人这么惜福,值得度化,我们就到他家弘法挂单吧。"

惜福之人才会多福,佛性即福田。我们的痴福、罪福,不是真福;真福要像种树、种谷一样,才能福至心灵。

临济禅师有一次在山里种松树,黄檗禅师看到了,奇怪地问:"山上已有这么多树了,你栽松做什么呢?"

"一与山门做景致,二与后人作标榜。"

禅师们这种不求自利、荫庇天下的胸襟,是济世精神的显露。

禅的教学守道,是从生活中惜福,从结缘来体验,以慈悲为本怀,用智慧来引导,提升修持的境界。惜福、结缘就是禅者学道的生活。

三、从慈悲感化来谈禅宗的教学守道

有一天,云水禅师到一个大富翁家里化缘,被大富翁推拒门外。云水禅师在山上无粮米,大富翁又不肯布施,正不知如何济众办道。走着,走着,看见富翁家的水沟流出许多饭粒,云水禅师觉得很可惜,就每天来捡回去,除了自己吃,吃不完的便晒干储存起来。

十年后,大富翁家忽然起火,一场熊熊烈焰使大富翁家破人亡,一无所有,不得不四处行乞,狼狈不堪,最后实在走投无路,只得投奔云水禅师的寺庙,哀求禅师收留他:"恳请和尚慈悲,救救我吧!"

云水禅师收留了他,又做饭给他吃,大富翁这一顿饭吃得津津有味,满怀感激:"师父,感谢你!"

"你不必感谢我。这些饭本来就是你的,我只是花一点劳力把它捡起,晒干储存起来,正好今天你用得到。"

大富翁深感惭愧,立誓痛改前非,重新做人。禅师用慈悲教化来感人,是他们的特长,也是禅师教学守道的特色。

挑水禅师在教大家禅法一段时间后,忽然失踪了,弟子们不知道禅师的下落,而四处寻访。有一名弟子反复寻找,来到荒郊野外,在一座废桥下发现一些洞穴,里面有很多乞丐,挑水禅师就在乞丐群里。这个弟子又惊又喜地请求:"师父,请您慈悲回去,再开示我们禅法。"

挑水禅师意兴阑珊道:"光用口讲,讲几千几百次也没有用,你们做不到。"

弟子急忙恳求:"师父您再教我做什么,我一定做到。"

挑水禅师双眼一瞪说:"好!你在这跟我同住三天,我就传授你禅法。"

弟子一听,三天有什么了不起,为了学禅,就是三年也没关系,于是住了下来。

第一天,洞里除了满地肮脏的垃圾,还是肮脏的垃圾,连漱口水都没有,更别说洗澡了。连大小便都不知道怎么办。这一天虽然难挨,却也忍耐下来了。

第二天,乞丐寮里,一个老乞丐死了,挑水禅师唤徒弟:"帮我把老乞丐搬出去埋葬。"这个老乞丐卧病太久,浑身发臭,令人退避三舍。好不容易埋葬完了回来,挑水禅师倒下就睡着了,徒弟却无法忘记肮脏臭味,怎样也睡不着,一夜辗转反侧。

第三天早上起来,挑水禅师说:"我们今天不用乞食,老乞丐讨回来的饭菜还没有吃完,今天就可以吃了。"

这个徒弟一听,不要说是吃,一想到那种脓疮秽垢混合的饭菜就想呕吐,肮脏恶臭的气味一直盘旋不去,当下鼓起勇气向挑水禅师说:"我再也没有办法住下去了!"

挑水禅师眉一横,眼一瞪:"所以,你们学不到我的禅法。"

没有很大的慈悲心和忍耐力,怎能经得起磨难,通过重重考验,越过层层关卡,见到另外一个光天化日的世界呢?禅宗的学道,注重的不是表面风光,而是精神内涵,是在烂泥坑里植净莲。

参禅求道,除了开拓福德智慧,更要长养慈悲心。慈悲才能感化顽强，抛弃贪欲瞋恨，化暴力为祥和。以禅心、悲心、佛心来洗净尘世的罪业，这就是禅者教化的力量。

四、从方便灵巧来谈禅宗的教学守道

禅师教人参禅，是无限的方便，无限的灵巧。一默一语，含藏生机；一棒一喝，敲破昏迷。无论是士、农、工、商或凡俗、老幼，禅师都能契机化导；无论在山林水边或衣、食、住、行，禅师都能运用禅法点化。转贪瞋为慈悲，转迷妄为智慧，禅师们方便灵巧的教化深深蕴含其中。

以下是几个禅师方便教化的公案——

有一个学僧元持在无德禅师座下参学，虽然精勤用功，但始终无法对禅法有所体悟。有一次在晚参时，元持特别请示无德禅师："弟子进入丛林多年，一切仍然懵懂不知，空受信施供养，每日一无所悟，请老师慈悲指示，每天在修持、劳作之外，还有什么是必修的课程？"

无德禅师回答道："你最好看管你的两只鹫、两只鹿、两只鹰，并且约束口中一条虫。同时，不断地斗一只熊，和看护一个病人，如果能做到并善尽职责，相信对你会有很大的帮助。"元持不解地说道："老师！弟子孑然一身来此参学，身边并不曾带有什么鹫、鹿、鹰之类的动物，如何看管？更何况我想知道的是与参学有关的必修课程，与这些动物有什么关系呢？"

无德禅师含笑地道："我说的两只鹫，就是时常要警戒的眼睛——非礼勿视；两只鹿，是需要把持的双脚，使它不要走罪恶的道路——非礼勿行；两只鹰，是双手，要让它经常工作，善尽自己的

责任——非礼勿动。一条虫,是你的舌头,你应该要紧紧约束着——非礼勿言。熊就是你的心,你要克制它的自私与自大——非礼勿想。这个病人,就是指你的身体,希望你不要让它陷于罪恶。我想在修道上,这些实在是不可少的必修课程。"

有一位琉球和尚来到中国,跟遂翁禅师参禅求道。参学三年,一点禅的消息都没有,这位和尚一直没有开悟,准备打消参学,他向禅师说:"算了,我回家去吧。"

遂翁禅师见他犹如浮萍定不住,就激励他:"再忍耐一下,再参七天就好。"

七天以后,依旧没有开悟。忍耐又忍耐,七天又七天,就这样七个七天都过去了,这和尚不免垂头丧气。遂翁禅师慈悲开示他:"再过五天吧。"

这和尚又参了五天禅,遂翁禅师冷眼静观,只是一再挽留:再三天吧……再一天吧。到了这时候,这个和尚非常恐慌,他问:"禅师,最后一天了,不开悟怎么办?"

遂翁禅师庄严地道:"再一天不开悟,只有死,不能再活了!"

这个和尚面对死亡,真正"置之死地而后生",精神统一,意志集中,非比寻常。功夫尽处,胸中不挂一尘;火候到时,心上不依一法。旋乾转坤,只是一念用力,生死禅便豁然洞现,就在这一天,他豁然开悟了。

禅师教人,不是给你添加什么,而是要你把俗情妄智统统扔掉,自服一帖清凉心散,照见人生的迷情与真机。

有名的赵州禅师,消泯了贪恚愚痴苦恼后,常教化世人。一次,有一个女人向赵州禅师诉苦:"禅师,像我们女人实在业障啊!

做小女孩时,要听父母严苛管教;长大结婚后,要被丈夫管;老年又轮到儿女来管。你看这些儿女,我一讲话,他们就叫:'妈妈,不要讲啦!'真是业障啊!"

赵州禅师呵呵大笑,一摆手:"不要这么想。女人是很有福气的,你看:小女孩时,爸爸妈妈多么爱护照顾;长大以后,多少男人倾心追求,老来儿女也特别孝顺。很多儿女不喜欢探望父亲,反而喜欢看妈妈,做女人实在比做男人多受眷顾呢!"

通达人情事理的赵州禅师,告诉女人不要自怨自嗟,换一个角度,把不好的看成美好,成就另一种风光。一样的世间,不一样的情怀,端看我们一心如何转换,这就是禅教的灵巧法门。道谦禅师与好友宗圆结伴参访行脚,途中宗圆不堪跋山涉水之疲困,几次三番闹着要回去。道谦安慰他说:"我们已发心出来参学,而且也走了这么远的路,现在半途放弃回去,实在可惜。这样吧,从现在起,一路上如果可以替你做的事,我一定为你代劳,但只有五件事我帮不上忙。"宗圆问道:"哪五件事呢?"道谦非常自然地说:"穿衣、吃饭、屙屎、撒尿、走路。"

禅,是不能外求的,怎样参禅?怎样开悟?怎样成佛?别人都不能代替,这是自己的事,必须自己去参学。千钧重担都背过的人,自然生出力气,自然有负重肩膀,这是禅的方便法门。

大安禅师到百丈禅师处参学,他们问答的公案,可以让我们更深入了解禅宗的特色:

"如何识佛?"

"大似骑牛觅牛。"

"识得以后呢?"

"如人骑牛回家。"

"如何保住？"

"如牧童执杖看牛，不令践踏作物。"

我们的自心被无明颠倒，攀缘五欲六尘，心中不净，向何处问佛？问了佛又有何用？向外追寻总无益，不如骑牛归家，好好安心长养。

禅，要靠自己去体验，去实践。我有禅是我的，不是你的，唯有把禅转化到身心里面，让禅海法水滋润生命，体悟清明意境，清凉六根，才能让自己活得更清明、更自在。

1985年5月讲于台北"国父纪念馆"

从衣食住行谈禅宗的生活

我们若能在衣食住行的日常生活里,
看见一点禅光智慧,受用一些禅意法喜,
随遇而安,随缘放旷,
我们的生活必能更坦荡、更安然、更自在!

生活离开不了衣食住行,衣食住行和我们每一个人的关系非常密切。而在佛门里修道的禅师,他们衣、食、住、行的情形又是如何呢?

有人问法华山的全举禅师:"当初佛陀勉励弟子们要发四弘誓愿,请问禅师:你的弘愿是什么呢?"

全举禅师回答得非常妙:"你问我的四弘誓愿,我是'饥来要吃饭,寒来要添衣,困时伸脚睡,热处要风吹',我肚子饿了要吃饭,天冷了要穿衣,疲倦时伸腿就睡觉,天热就想吹吹风,你看如何?"

全举禅师这一段话,可以说把禅的本来面目表达得非常透彻。禅不是离开生活,也不是闭关到深山里自我了断,而是在言行动静中修道,在生活上自然表现出平常心,不起分别妄念,这衣食住行里面就有禅。虽然是穿衣吃饭这样简单的事,我们一般人却不敢自己承担。很多人明明热衷名利,却千方百计开脱自己:"我是不好名的！我是不好利的！"如果说他好吃懒做、贪睡爱穿,他也会板起脸孔来。真实的事都要逃避,不敢承认,这就是没有担当,而禅师们是当下承担,毫无挂碍的。

息恶心,除妄想,坦坦荡荡面对自己,是何等光明磊落的境界！何况禅师们的吃饭、穿衣、睡觉、吹风里面,还有一般人看不到的自在风光呢！常常有人问禅师:"你如何参禅？"

禅师回答:"吃饭,睡觉。"

"吃饭睡觉,这等事大家都会啊！如果学禅就只是吃饭睡觉,那又有什么了不起？"

"这可大不相同,社会世俗的人,吃饭,他挑挑拣拣,吃得不甘味；睡觉,他辗转反侧,睡得不安心。很多人烦恼缠身,当吃他不吃,当睡他不睡。珍馐美味,他食不知味；宽广大床,他寝不能安。处处计较分别,颠倒困顿。禅不是这样的！"

禅,是一种欢喜自在。菜根豆芽,都是香的；山林树下,木板地席,也都睡得安然自在。同样是吃饭睡觉,有禅没有禅,味道就是不一样,犹如一间寺庙盖在山林里、水泉边,和盖在垃圾场旁、屠宰场边,气氛就是不一样。

禅师在衣着上,有时穿百衲衣,破破烂烂也不要紧；有时穿金缕袈裟,也不觉得荣耀。因为"黄金白玉非为贵,唯有袈裟披肩难",袈裟和钵盂,在一个禅者心中,价值胜过万种富贵。大梅法常禅师离世隐居,把衣食住行的欲念悉数抛弃,把妙真如性高高升华后,写下了一首法偈:

　　一池荷叶衣无尽,数树松花食有余；
　　刚被世人知住处,又移茅舍入深居。

衣食，对禅师们只是过眼云烟。

禅者的吃，又是怎样呢？吃，日中一食就好了。一钵饭送进嘴里之前，会先念一首偈：

　　愿断一切恶，

　　愿修一切善，

　　愿度一切众生，

　　皆共成佛道。

念完这首偈子再吃饭。所谓"天下丛林饭似山，钵盂到处任君餐"，即是禅者吃的生活。对一个参学修道的禅者来说，"口中吃得清和味，身上常披百衲衣；五湖四海为上客，无边法界任逍遥"，也是禅师不贪口腹食欲的写照。

说到禅师的住，山林水边、街头巷尾，都可以随缘安住，清凉自在。古德说："密富禅贫方便净。"密富，学密宗要有钱，因为坛场供养耗费多；禅贫，学禅清俭，在家里的地板可以打坐，在办公室座位上可以打坐，从高雄到台北的火车上也可以打坐，甚至山林水边都可以参禅，所以学禅不需要什么费用；方便净，学净土念佛，一心持念，那就更方便了。"禅悦酥酡微妙供，大千世界一禅床"，是说真正的禅者，禅可以当食住。参禅参到欢喜处，无所住，也无所不住，常以禅悦为皈依，大千世界都是禅者的床。

有一位禅师说："木食草衣心似月，一生无念复无涯；时人若问居何处，青山绿水是我家。"就是形容禅者栖身心于大千世界，树木蔬食都可以果腹，草叶为衣，心如明月清净无染，一生不起杂念妄想，常以青山绿水为家。想一想：禅者那种青山绿水的悠游住境是多么美好！说到禅者的行，真是"行亦禅，坐亦禅，语默动静体安然"。一个禅者游方参访,风光无限,"一钵千家饭,孤僧万里游;为了生死事,乞化度春秋",是多么逍遥自在的生活。禅师和大自然结合在一起,随缘放旷,任运逍遥,禅,就是一个"自然"。

在丛林里修炼的禅者,是刻苦自励的,要在团体里严格地自我提升。以下把禅者衣、食、住、行的生活,分为四点来说明。

一、从云游参访来谈禅者的衣食住行

禅师云游参访,到了白云深处,如见宇宙之浩瀚;到了山泽水湄,即见生命之真如。中国地大寺多,从北京到五台山,从山西到普陀山,晓行夜宿,刮风淋雨,步步参学,时时开悟,禅师们的三昧慧根就深植不灭,衣食住行也成为学佛的道场。在此,举出几个禅师云游参访的公案——

有一天,智学、智道师兄弟参访求法,来到有名的无三禅师处。无三禅师平时对于来参访他的人,只要一开口问话,他就二话不说,出其不意地打上去,每求必打。智学师兄弟两人为了参学求道,不能不问,结果今天被他打,明天又被他打,没有一次躲得过。无三禅师打人的技术非常高明,当你不注意的时候,心神一散,"啪!"一个巴掌、一支棍子就飞过来了。由于师兄弟两人每问一定被打,就商量:我们今天不进屋子,只在门外问,他如果回答我们,我们就听;要打我们,我们就拔腿躲得远远的,不让他打。师兄弟两人如此一番商议,自以为很高明,便在门外扬声问:"禅师!我们有问题请您开示!"

无三禅师大喝一声,用声音打过来:"你们是什么东西!"

师兄弟两人乍闻狮子吼,心头一惊,不由自主跪下来,顿时矮

了半截。

禅师传授禅法，总是出乎凡心臆想之外，如同弦音常在弦音外，青山更在青山外，甚至无我相、无人相、无诸相，不但声闻缘觉悉皆念佛念法，连衣食住行都是菩提般若的化身。

仙崖禅师有一个徒弟，想到别处去参访修行，仙崖禅师很高兴，嘱咐他到某地某寺、某山某院去参访。这个徒弟也很欢喜，遵照仙崖禅师的指示准备游学，临行前，向师父辞行，仙崖禅师高高兴兴地把他叫住，兜头打他一棒。徒弟被打得莫名其妙，高声问："师父，既然允许我云游参学，为何又打我？"

仙崖禅师哈哈大笑，转身即走。这个徒弟托人去问，仙崖禅师回答得很妙："因为他要走，打他一下，让他知道怎样做师父。"

仙崖禅师慈悲，又疼爱徒弟，打他一下，要他时时不忘初心，无论云游何处，山丛水边，朝夕惕厉，勿失勿忘。随身以道念为衣，以禅悦为食，以正法为住，以参学为行。仙崖禅师这一打，含义多么深远。

文道禅师是个云水僧，因为久仰慧熏禅师的道风，所以不远千里跋山涉水地来到禅师居住的洞窟。

文道禅师说："末学文道，素仰禅师的高风，专程来亲近、随侍，请和尚慈悲开示！"

由于当时天色已晚，慧熏禅师就回答："天黑了，你就此住一宿吧！"

第二天，文道禅师醒来时，慧熏禅师早已起身，并已将粥煮好了。用餐时，洞中并没有多余的碗可给文道禅师用，因此慧熏禅师就随手拿了一个骷髅头，盛粥给文道禅师。文道禅师踌躇得不知是否要接,慧熏禅师说:"你无道心,非真正为法而来,你以净秽和憎爱的妄情处事接物,如何能得道呢?"

善恶、是非、得失、净秽,这是从分别心所认识的世界。真正的道,不思善、不思恶、不在净、不在秽。

法眼文益禅师在庆辉禅师处参禅时,始终不能契悟入道,于是,他就辞别庆辉禅师,开始云游四方。

有一次下大雨,途中就在一座地藏院挂单,寺里的知客师问他:"禅师你要往哪里去?"

法眼禅师:"我没什么目的,只是随便走走罢了。"

知客师又问:"你对四方来去的云游方式,有何感受?"

法眼禅师答:"云水随缘。"

知客师说:"'云水随缘'这句话最逍遥自在了!"

法眼禅师听后,对逍遥自在,顿有所感。

我们生活于世,虽然东奔西走,几人能云水随缘?更何况逍遥自在?

人到无求品自高。禅者,最大的特色就是无欲无求,无烦无恼,这种特色在云游参访时尤其明显,呈现了禅师清净超越的品格——衣食无沾滞,随缘放旷;行住是云水,自来自去。对一个云游参访的禅师来说,衣食住行,一一是妙谛,何处不自在。

二、从生活劳作来谈禅者的衣食住行

禅师们非常重视生活里的劳动和服务,例如——

黄檗禅师曾经开田、摘菜,流汗田里……

沩山禅师曾经摘茶、和酱、泥壁,从茶园到厨房,从做酱菜到水泥粉墙、挑砖砌瓦,样样做过。

石霜禅师在米坊里做筛米,双手不停劳动……

云岩禅师做鞋,孜孜地帮人家补鞋、做鞋……

临济禅师栽松、锄地,将一棵棵树苗种下……

仰山禅师牧牛、开荒,在荒原上行走跋涉……

洞山禅师锄茶园,一锄锄挥下,汗流如注……

云门禅师担米,寺里的米粮都由他一肩肩挑起……

玄沙禅师砍柴,那握着柴刀的手厚茧累累……

赵州禅师扫地,日扫夜扫,多少烦恼扫成堆……

雪峰禅师斫槽、蒸饭、畲田,不发一声苦,不喊一句累,默默在毒辣的大日头下耕耘……

丹霞禅师除草、莳花,从一草一花中醒悟生命的义谛……

禅师们就是这样在生活里劳作,千锤百炼,忍苦耐劳,使肉身更坚强,让心志更纯一,如同利剑淬炼自寒水与烈火,禅师也是从心苦与身疲中超脱的。别以为参禅的人不费心力,身体轻飘飘的,心扩大了,好像超越了世界,好像神仙一样腾云驾雾……真正的禅不是这样!禅,是面对现实的生活,要工作,要苦心志、劳筋骨,要在生活里面植根,再慢慢地升华、渐渐地扩大,心灵可以高上万丈青天,脚却要踏着实地,这才是禅的主要内容。

禅者在衣食住行的生活里,是离不开劳作的。如同鱼离不开水,树少不了土,生活劳作是禅者的道粮,很多禅师都是在弯腰劈砍、直身挑担之间开悟的。不过,一切的苦修劳作不是拿来炫耀的,禅是在衣食住行的生活里扎根的。垂帘闭目,手持念珠不理睬人;结印趺坐,不食人间烟火,那是故神其貌的空禅。要工作,要务实,要体验,磨心志,刮骨髓,才叫禅!

三、从待人接物来谈禅者的衣食住行

有名的"赵州茶"、"云门饼"的公案里,可以看出禅宗待人接物的生活——

有人来参访赵州禅师,禅师问:"你来过没有?"

"没有。"

赵州一笑:"吃茶去。"

又有人来拜访,禅师合十问讯:"你来过没有?"

"来过。"

赵州一笑:"吃茶去。"

旁边的弟子听到了,觉得迷惑,就请示:"禅师,那没有来过的吃茶去,来过的也吃茶去,究竟什么人可以吃茶去?"

赵州莞尔一笑:"吃茶去。"

茶叶有三种味道:第一次泡开的茶,味道甘美;再泡,有苦的味道;又再泡,是涩涩的滋味。"吃茶去",是要人们去体验人生三味:甘味、苦味、涩味——人在青年时期,多彩多姿,自由快乐,是甜蜜甘醇的味道;到了中年以后,为工作奔波,为家小妻儿忙碌,是含辛茹苦的味道;到了老年,体衰力弱,病痛缠身,是艰涩的味道。当然这人生三味不是绝对的,因人因境而不同。有的人少年时期非常苦,有的人中年很甜蜜,有的人老年很幸福。然而我们哪一个人没有尝过人生的三种味道?天天吃茶、吃茶,从吃茶里也可以体会到人生的三种滋味。

云门禅师对于待人接物,有极恰当的两句偈:

莫嫌佛门茶饭淡,僧情不比俗情浓。

禅者修禅,是要破痴迷,除尘妄,"纵遇刀锋常坦坦,假饶毒药亦闲闲",精魂游魄都要放下,何况是衣食住行呢!妙喜禅师有一段趣事,可以看出禅者待人接物的风姿——

在一个严寒的冬夜里,有一个乞丐以颤抖的手去敲荣西禅师的庵室,潸然欲泣地诉说:"禅师!我的妻子与子女已经多日未进粒米,我尽其所能地想给他们温饱,始终不能办到,连日来的霜雪致使我的旧疾复发,现在我实在是精疲力竭了,如果再这样下去,妻小们都会饿死,禅师!请您帮助我们!"

荣西禅师听后,颇为同情,但是身边既无钱财,又无食物,如何帮助呢?想着、想着,不得已只好拿出准备替佛像涂装用的金箔对乞者说道:"把这些金箔拿去换钱应急吧!"

当时,座下的许多弟子都以一种惊讶的表情,看着荣西禅师的决定,不满的情绪挂在脸上,并且抗议道:"老师!那些金箔是替佛装金的,您怎可轻易地送给别人?"

荣西禅师和悦地对弟子们说道:"也许你们会对我的做法无法理解,可是我实在是为尊敬佛陀才这样做的。"

弟子们听不懂老师的话,仍愤愤地说道:"老师!您是为了尊敬佛陀才这么做的,那么我们将佛陀圣像变卖以后,将钱用来布施,这种不重信仰也是尊敬佛陀吗?"

荣西禅师道:"我重视信仰,我尊敬佛陀,即使下地狱,我也要为佛陀这么做。"

弟子们不服,口中喃喃说道:"把佛陀圣像的金箔送人,这是尊敬佛陀?"

荣西禅师终于大声斥责弟子们道:"佛陀修道,割肉喂鹰,舍身饲虎,在所不惜,佛陀是怎么对待众生的?你们能认识佛陀吗?"

弟子们到此时才明白荣西禅师的大慈悲,原来他的做法,是真正与佛心相契的。

佛陀有三十二相、八十种好的庄严,就是修行慈悲、积聚功德而成的,所谓"无缘大慈,同体大悲",只要有益于众生,钱财房舍、田园宅第、身体性命,全可布施,金箔又能算得了什么?荣西禅师的行为,真正奉行了佛陀的慈悲。你不必是他的亲人,你也不必对他有什么利益,他都施于同体的慈悲。佛陀心中的众生,我们为什么为了金箔,就把他分开呢?

禅者待人接物,秉持着慈悲心、喜舍心,一切可以包涵,一切可以奉献,解衣推食,难住苦行,禅者都不放在心上。他们有的是"对境心不起,菩提日日长",有的是"烦恼海中为雨露,无明山上作云雷",以佛心待人,以禅法接物,处处显现无染着的智慧风范。

四、从修行悟道来谈禅者的衣食住行

世间有些现象很有趣,像飞机驾驶员,在天空旋舞飞驰,一落地,却不能开车,因为没有速度感,容易撞车。远洋轮船的船员,回到岸上,老觉得有地震,走路的时候一跷一跷,好像跳民间舞蹈。这是因为太专注于一件事上,反而顾不到别的了。禅者修行悟道时,心思都放在禅修上面,衣食住行的需求极低,像月江正印禅师的诗偈:

去来恰似月行空,住着犹如风过树;
此庵无坏亦无成,于中只么老此生。

赵州是一位很有趣的禅师,人称赵州古佛。他也讲道,也谈禅,不但佛教徒来听,很多道教徒也来听他说道。有一个道士,眼见门下徒弟都去听禅师讲道,心里非常嫉妒,愤然到寺里找赵州禅师理论:"天下的人都敬佩你,我就是不服气!你以为你有多伟大呀?抢我的徒众,算什么高明?在信仰你的人心目中,你是神,你是古佛;在我的心中,你是小人!你会讲道,你能讲得让我心服口服信奉你吗?"

赵州禅师很谦和地说:"不要那么激动,来,来,来,你到这里来,我同你讲。"

道士排开众人,气昂昂一摇一摆地走到赵州禅师面前。赵州禅师向左边偏偏头,说:"请你站到左边来,我好同你讲。"

道士又傲然站到左边,赵州禅师摇摇头:"这样不大好讲,请你到右边来谈。"

道士又瞪眼鼓唇走到右边来。赵州禅师把手一拍,笑着问:"你看,你不是也很听我的话吗?你不佩服我,怎么会听我的话左站右站呢?"

道士一听,恍然知道自己落了下风,满脸羞红:"算你会讲话,我还是不服气。你没有神通,告诉你,道爷我可是大有神通的!"

"你有什么神通?"

"我肚中会叫,口中会放光。你能吗?"

"这个神通也没有什么了不起,你肚子会叫有什么用?叫又不能当珠宝;口中放光,放光也不能了生脱死。我的神通比你高明多了!"

"你有什么神通?"

赵州禅师大笑："嘿，我的神通可高明了！我会吃饭，一吃就饱；我会喝水，一喝不渴。这样的吃饭、喝水，你行吗？"

很多人学禅，把一个活生生的禅机，弄成了僵化的格式，不知本末，不知落实。禅是非常实际的，穿衣、吃饭，不多不少，不忮不求，很不容易，完全视同无物更不容易。对赵州来说，穿衣、吃饭、喝水，只是例行琐事，全不放在心上，所以不需贪恋多欲，禅是讲受用的，精神生命上的受用，远比衣食生活上的受用来得重要。

有人发现一休禅师近来茶不思，饭不想，精神恍惚，不知怎么回事，问他为什么。一休禅师说："我在想一个人，想一个人呀。"

一休禅师莫不是单相思？话一传开，寺里闹得天翻地覆。闹了很久，众人传说纷纭，莫衷一是。住持看看不是办法，就把一休禅师叫来，说："你究竟是想哪一个人？你讲出来，我替你做主。如果是爱上了哪家的小姐，罢了！你还俗好了，也胜似天天愁眉苦脸作践自己。"

一休禅师说："我想念的人，你找不到的啦！"

住持问："你说，我一定找到。"

一休禅师说："你找不到。"

住持说："找得到！"

一休禅师就念了一首偈：

　　本来面目初现前，虽然只是一面缘；

　　念念不忘难放下，释迦达摩本一人。

这首诗的意思是：我刚刚体悟到自己的心，刚刚认识它，它就不见了。我一直念念不忘参省，要找到我本来的人、本来的心，我要找到受、想、行、识之外，我真正的灵台面目啊！

禅，是不能向外寻求的，"本无形迹可寻求，云树苍苍烟霞深"，要找也找不到。三界唯心，万法唯识，我们自己的生命真谛，要在自己方寸之间寻求。

佛窟惟则禅师修行时，用落叶铺盖屋顶，结成草庵，以清泉润喉，每天摘野果来果腹，把衣食住行的需求减到几乎无沾滞的境界了。有一天，一个樵夫路过庵前，问："您在此住多久了？"

"大约四十个寒暑了吧。"

"您一个人修行吗？"

"丛林深山，一个人都嫌多了，还要找人添麻烦吗？"

"您不需要道侣吗？"

佛窟禅师拍拍掌，很多虎豹由庵后鱼贯而出，樵夫大惊，佛窟禅师示意虎豹退回庵后，说："朋友很多，大地山河，树木花草，虫蛇野兽，都是我修道的法侣。"

一个禅师修行悟道，要把自己修行到无妄无染的境界，才能与鸟兽同群，任运逍遥。像佛窟禅师，视虎豹如人，没有一丝畏惧心，是很不容易的。

我们若能在衣食住行的日常生活里，看见一点禅光智慧，受用一些禅意法喜，随遇而安，随缘放旷，我们的生活必能更坦荡、更安然、更自在！

1985年5月讲于台北"国父纪念馆"

生命升华的世界

人与人的相处对待,如果能做到坦坦荡荡、磊落自在,
互相都以一颗真挚善良、清净无染的心相向,
这就是人格的提升,生命的升华了。

　　在现代社会里,我们受尽文明弊病的困扰,已经逐渐丧失了自然的气息,人人承受各式各样来自家庭、学校、社会等等不同场所的折磨与压力,譬如情感争执、朋友社交、事业竞争,乃至政治、经济等各层次的问题,可以说层出不穷,千变万化。因此,我们不仅要使身心切实安住,还要追求生命最高的境界,这样才能免于随波逐流,同流合污。

　　如何才能使生命获得升华?在佛教里告诉我们许多修行的方法,其中以禅的功夫最为简易可行。虽然佛教中,如中国的八大宗派,有很多切实可行的途径,足以涤虑澄思,净化身心,使生命自然升华,不过这些方法,都不如禅来得直接、透彻。

　　参禅有几个要领必须注意:一、不说破;二、提起疑情;三、把握禅机;四、行脚参访;五、实证开悟。禅是不可以用语言文字道断的,说破了就不是禅,而是糟粕的知解。禅注重自身的实地参究,

并且要提起疑情,好比撞钟,用力越大,回声越响。当我们对生命本质的疑问越深时,所得到的答案将越真实。参禅访道,把握住机锋的相对很重要,就如同照相要调好焦距,穿针要对准针孔,参禅不对机或失去先机,就不能开悟。

禅重视实际的身体力行,打坐观想固然是一种禅,日常的行住坐卧也是一种禅,禅者有时为了参透一句话,不惜穿起芒鞋,踏遍岭上云朵,为的是寻找明师善知识,除却心头上的那份悄然。禅师们说:"借此闲房又一年,岭云溪月伴枯禅;明朝欲下岩前路,又向何山石上眠?"这种行云流水的闲适自在就是禅。当然参禅最终的目的是为了证悟清净的自性,所谓明心见性的功夫。有了这五项要领,大概就能体会到禅深深的奥妙了。

以下从四个角度来探讨生命升华的禅者世界,究竟是个什么样的世界?

一、从平常的事务里看禅的世界

大部分的人总以为禅一定要在禅定里才可以修行,有些人更认为盘起腿来打坐,闭目敛神,眼观鼻,鼻观心才是禅。打坐当然是禅,但是禅却不仅仅限于打坐,举手投足,一言一笑,无非是禅。乃至随时随地的举手投足,行住坐卧、搬柴运水、饮食睡眠,都充满禅机。禅是无所不在、遍于一切的。

有一天,沩山禅师询问前来探望他的徒弟仰山禅师说:"你整个夏天不见人影,都做了些什么呀?"意思是说,这些日子不参禅、不修行,白白糟蹋了光阴。

仰山禅师回答:"师父,我耕了一块田,收了一篮果实。"

师父一听,非常欢喜,于是说:"果真如是,这个夏天你就没有空过了。"

沩山禅师的意思是:从现实生活来看,如果真的种了一块田地,也实在有了丰收;在参禅意义上,则是种下了他日成佛作祖的因缘。

徒弟仰山禅师被师父这么一问,也反过来问师父:"师父,这个夏天,您又做了什么?"

"我白天吃饭,晚上睡觉。"

仰山禅师听了,赞叹答道:"师父,这个夏天您也没有空过时光。"

这种完全投注生命的日常生活,就是禅,也就是升华的世界。正因为沩山禅师得到禅的妙用,才能白天夜晚自在安详,无论饮食睡眠都能正常自然,所以说禅是无所不在、遍于一切的。

现在一些人被功名利禄、亿万金钱搞得纠缠不清,不仅寝食难安,连坐立都不定。譬如回到家里,正想坐定安心吃一顿饭,电话铃响了,一听又是一件棘手的事情。甚至半夜回家,倒头将睡,门铃又响了,又有不速之客来商量重要的业务;只要眼一闭,心神就不宁,恐怕这一打盹,生意就在懵懂当中泡汤了。终日浑浑噩噩、汲汲营营,没有一点属于自我宁静的时间,这种生活还有什么乐趣可言?

一个禅者的生活,所谓"一钵千家饭,孤僧万里游;青目睹人少,问路白云头",是多么洒脱自如啊!禅的日常生活是尽量将生活简单化、艺术化、纯粹化。

什么是禅者简单化、艺术化、纯粹化?"衣单二斤半,洗脸两把半,吃饭三称念,过堂五观想。"禅者的衣服非常简单,捆绑起来不及两斤半重,可以随时肩挑,云游四海,不像一般人出门穿衣,挑三拣四的,还不能称意。有些人出来听一场讲演,或是参加宴会,常常为了选一件最合心意的衣服而伤透脑筋,最后干脆不出去,省得麻烦。想一想,为了一件衣服的颜色、长短、合适与否,而错过一场千载难逢的机缘聚合,不是太可惜了吗?所以衣服多不一定就是好,少也不见得坏,多少不放在心上,不当作一回事,生活自然简化,也没有气躁心烦的时候了,这不就是最自在的生活方式吗?生活能如此简单、淡泊,不追逐名闻利养,再苦的日子也能把它艺术化、纯粹化。

除此之外,禅者随缘逍遥、无求自在的境界,可以用一首诗来形容:"外出参禅和受戒,扁担绳子随身带;出坡作务天天有,为求身心永康泰。"对禅者而言,平常洗碗、扫地、除草、耕田的工作劳动之中,都充满了禅机,细细去品尝,到处洋溢着禅趣。能够保持"若无闲事挂心头"的一颗心,自然"便是人间好时节"了。对禅者来说,平常多么烦琐的事务也要把它简易化,人际来往复杂的关系也要把它艺术化,而保持康泰的身心、纯净的心灵。有的人碰到一点芝麻绿豆大的小事,往往就挂碍在心上,久而久之,酿成了心病,无法体会禅者这种"犹如木人看花鸟,何妨万物假围绕",去住无心、洒脱放旷的生活;不能体会,当然更谈不上生命的升华了。

日本曹洞宗的祖师道元禅师,年轻的时候曾到中国天童寺参学。有一天日正当中,看到寺中一位年老的出家人汗流满面地在路旁晒干菜,道元禅师走上前,开口问道:"老师父,你年纪多大了?"

"78岁。"

"年纪这么大了,怎么不叫人代做呢?"

老和尚转目正视道元禅师说:"别人不是我呀!自家分内的事,别人如何代替呢?小便盥洗的本分事,别人代替得了吗?"

道元禅师听了恍然有悟,还是不忍心地说:"天气这么酷热,何必一定现在做呢?"

"不是现在,更待何时才是晒干菜的时候呢?"

禅者参禅的态度是尊天敬地,毕恭毕敬,绝不放弃任何一个机缘,他们以平常心来对待日常的生活,也以平常心来庄严未来的世界,而这未来庄严美丽的世界,都在当下的转换提升。

在中国禅宗史上,先有马祖道一禅师创丛林,继有百丈怀海禅师立清规于后,留下千年奉为圭臬的制度。百丈禅师并为自己定下一条律则:"一日不作,一日不食",中国佛教自此走向农禅的大道,禅从此落实于中国的大地,和日常生活密不可分。禅者的日常生活虽然无所用心,自在洒脱,但是绝对不是放荡不羁、游手好闲。许多禅师勤奋参学、素简守道的态度是令人十分尊敬的,他们不仅在搬柴运水时参禅,连举眉瞬目都不放过丝毫禅机,如同永嘉大师说:"行也禅,坐也禅,语默动静体安然。"对真正的禅者而言,在平常生活之中,禅是触目即是,无所不在的。

禅者的生活俭朴,表面看来似乎苦在其中,其实他们的内心世界已经充实圆满,所流露的神态是自然而然对参禅悟道的一份向往与追求。佛鉴禅师一钵囊、一鞋袋,穿戴多年,百缀千补,仍然舍不得丢弃。有人劝他更换新的,他说:"这些东西,自从我出夔关以来,至今仅用了50年,怎么能够半途弃置不要呢?"

禅者这种超然物外、恬淡知足的升华境界,不正是我们所渴求的吗?因此我们要从日常生活去体悟俯拾即是的禅意,然后把体悟所得的禅悦化为生命升华的动力。

二、从矛盾的语言里看禅的世界

从禅者日常生活的世界里,可以证悟升华的生命,但是如何在禅师们的对话语句之中,去透悟禅的境界呢?

我们常常感觉到禅师的对话是风马牛不相及、颠倒错置。比如你问禅师:"这朵花如何?好看吗?"他可能回答:"快要下雨了。"你问他:"吃过饭了吗?"他会告诉你:"啊!那里有人饿死。"你问他:"佛法大意如何?"他或许会如是说道:"吃饭、睡觉而已矣。"他这么一答,简直是让人丈二的和尚摸不着头脑,觉得禅者尽在答非所问,不知所云。

其实不然,他们不但没有答非所问,反而是切中玄机。严格说来,两个没有共同经验的人是极难声气互通的,对于一个没有见过山水的人,费尽口舌为他描述山水之情,尽管惟妙惟肖,也只是对牛弹琴、白费功夫罢了。同样的,对一个没有禅悟经验的人谈禅,更是如同蚊子叮铁牛,浪费唇舌而已。虽然如此,禅师还是要说,因为说总比不说来得实在,而这正是禅的妙处,也是禅者的慈悲。

譬如有位禅师说:"南山起云,北山下雨。"又说:"怀州的马吃草,益州的马腹胀。"乍看之下,一点也不合常理、不合逻辑,但是如果仔细去参究,处处都是增广智慧的禅机。一般人的观念,物是物,我是我,物我彼此对立,纵有关系也是相互的。这种观念完全起源于分别、对立的心识活动,根本不是究竟真理。由这种邪见衍生的纠执,常常会造成一些无谓之争,意气之斗。禅师却早已剔除差别心,从觉悟的自性海中流露平等的智慧,透视诸法实性的平等一如,因此宇宙万物在他们看来,没有物我的分别,内外的不同。这种融合的境界就是生命的升华。

所以,我们要能从禅师们的矛盾语句当中,去发掘智慧之花,进而提升生命的境界。

傅大士有一首禅诗说:

  空手把锄头,步行骑水牛;

  人从桥上过,桥流水不流。

这首诗看起来完全不合情理,不切实际,但却是从禅师的证悟自性之中所流露出来的智慧。禅虽然是教外别传,不立文字,但是从禅诗里,可以体会到禅师证悟世界的意境。

其实这整首诗就是矛盾的调和,单从"空"字解说,便已蕴涵了一切万有,所谓"空即是色,色即是空",在禅师的智慧中,空是一切万有的来源,宇宙不空,便不能覆载万物;心灵不空,如何包容三千?禅师说"空手把锄头",事实上空手把持的岂止是一把锄头,而是整个宇宙三千、法界虚空,由此可见禅师的包容之心。"步行骑水牛"是一种悠然忘我、逍遥自得的境界。心为物系,乘坐在豪华的轿车上仍然不能自在;心无磊块,骑牛、步行是一样的徜徉快乐。"人从桥上过,桥流水不流",通常一般人会认为流的是水而不是桥,这种心态根源于差别的观念,我们的心有了差别,所以外境有动静、内外,乃至大小、上下的种种现象产生,而禅师的境界是动静一如、内外合一。

内外、上下等任何纠执,完全起自于我们差别、对待的心识,而这种心识活动,却存乎"一念之间"。其实里里外外的人来人往,都是整体共存的。我们唯有从禅师矛盾的语句中,去看破纷纭虚妄的表象,根除我们的分别心,不为风、幡所动,才能进入禅的世界。

有一个沙弥满怀疑虑地问无名禅师道:"禅师,您说学佛要发心普度众生,如果一个坏人,他已经失去了人的条件,那就不是人了,还要度他吗?"

禅师没有立刻作答,只是拿起笔来,在纸上写了一个"我"字,但字是反写,如同印章上的文字正反颠倒。

禅师问道:"这是什么?"

沙弥:"这是个字,只是写反了。"

"什么字呢?"

"一个'我'字!"

禅师追问:"写反的'我'字算不算字?"

"不算!"

"既然不算,你为什么说它是个'我'字?"

"算!"沙弥立刻改口道。

"既算是个字,你为什么说它反了呢?"

小沙弥怔住了,不知如何作答。

禅师:"正写是字,反写也是字,你说它是'我'字,又认得出那是反写,主要是你心里真正认得'我'字;相反的,如果你原不识字,就算我写反了,你也无法分辨,只怕当人告诉你那个是'我'字以后,遇到正写的'我'字,你倒要说写反了。"

禅师又接着说:"同样的道理,好人是人,坏人也是人,最重要的在于你须识得人的本性,于是当你遇到恶人的时候,仍然一眼便能见到他的善恶,并唤出他的'本性',本性既明,便不难度化了。"

善人要度,恶人更要度;越是污泥,越可长出清净莲华;放下屠刀,可以立地成佛。所谓善恶正反,只在一念之间。"善恶是法,法非善恶",从本性上看,没有一个人不可度啊!

唐朝的黄檗禅师,出外游学时,半路遇见一位深藏不露的高僧,两人一起同行,走到一处,碰到溪水暴涨,不能过河。黄檗禅师便将锡杖往水中一插,脱去脚靴倒挂在杖头,然后就地打坐起来。高僧见状便说:"过去,过去呀!"

黄檗禅师仍旧坐在原地,面不改色地说:"要过你自己过,我要在此地休息。"

高僧于是自己渡河去了,行在水中如履平地,涉过水中央时,还转头叫黄檗禅师:"跟上来呀!"

黄檗禅师见他果真自己行渡过溪,大喝一声说道:"早知道你是个自了汉,便先斩断你的双腿,不让你过河。"

高僧哈哈大笑地说:"伟大!真是一个了不起的大乘法器。"

乍看之下,可能不了解其中的玄妙处,尤其当黄檗禅师恶言相加时,高僧反倒哈哈大笑,赞叹黄檗禅师是了不起的大乘法器。禅的转机在此,禅悟也在此。黄檗禅师看到眼前居然是一个自利而不利人的白了汉,因此才喝斥他,给他一番提拨。而这位高僧是在天台山证悟得道的大阿罗汉,他故意试验黄檗禅师的道行,看到黄檗禅师早有自觉觉人、自度度人的器度,因此才称赞他为济世利群的大乘菩萨。

从以上一些例子来看,可以知道禅师的矛盾言语,其实是透过禅悟的自性所流露出来的智慧。我们可以从中体会他们生活的境界,何止如陶渊明的"结庐在人境,而无车马喧"的境地而已?陶潜的心灵境界是澄明通净的,但是还有"境、我"之分,并且尚有车水马龙、桃花源地的差别,而禅者的心却早已根除这种分别意识。就禅师而言,纵然是龙潭虎穴也可以是参禅的山水地,何必一定要桃源林下;刀山剑树也可以是法座禅床,何必一定要软垫敷具?有一首诗描写得好:

　　刀山剑树为宝座,龙潭虎穴作禅床;
　　道人活计原为此,劫火烧来也不忙。

三、从艺术的生活里看禅的世界

前面提到禅者生活的艺术化,现在就以禅的艺术生活,来说明禅者升华的境界。

时下一般住屋,大抵都是高楼大厦,里里外外的装潢格式,可以说十分进步,不但要求新颖堂皇,更讲究美轮美奂的艺术化,譬如庭前庭后绿意盎然,立地长窗满是生趣,这一切无非是艺术化的表征,也是禅机的运作显露。禅既然无所不在,与我们的生活息息相关,我们怎可轻易放弃周围的任何禅机呢?以下从四个层面来说明禅者的艺术生命:

(一)禅园

日本京都有一间龙安寺,闻名遐迩,前往日本的游客大多会去参观。龙安寺最特殊的地方在于它的庭园,这座庭园没有青翠繁郁的花草树木,只有十几块石头和许多白沙铺成,看起来没有什么了不起,但是经过禅者的灵巧设计,深具吸引力。许多人到了这里,静静地坐在玄关上,望着冰冷却柔软的白沙,任想象海阔天空地飞驰,翱翔在禅那深旷空灵的世界。

中国有一句老话:"天下名山僧占多。"天下的名山灵刹全出自禅者的妙手,峨嵋山、普陀山、五台山、九华山四大名山,乃至近代的上海哈同花园,都表现了禅园特有的韵致,禅园的建筑风格,深深影响中国庭园的设计,尤其今日讲究美化家园、美化心灵,禅园可以提供我们作为参考。

(二) 禅画

画,是生命最深沉的静态表征,但一幅画的绘画过程却是动态的。画面呈现一只沉寂入定的狮子,但是画家描摹的过程也许不知看尽多少狮子或动或静的情状;画宁静大海的沉,和浅滩毕露的浮,画师可能要费上半辈子的生命,才能捕捉瞬间的生命之光,而这通明的"光辉",却是禅者信手拈来,随机可得的巧思。

譬如,从达摩祖师的禅画里,可以意会达摩东来传法的坚毅精神;从禅师接机传灯的禅画里,可以感受禅者庄严慧命的延递;从烟岚岭月的山水禅画里,可以清明地勾勒出禅的深邃生命。家中如果挂一幅禅画,会使室内的气氛活泼盎然起来。

(三) 禅味

禅是有味道的,我们平常对酸、甜、苦、辣各种杂陈百味都十分敏感,但是对禅却不一定随时都能"知味"。

唐朝有一位懒瓒禅师隐居在南岳的一个岩洞,他写了一首诗:

世事悠悠,不如山丘,

卧藤萝下，块石枕头。
不朝天子，岂羡王侯，
生死无虑，更复何忧。

这首诗的意思是说世事复杂难懂，扑朔迷离，不如三三两两几块小石头来得亲切可爱。那种以天为棉被，把地作卧铺，悠游山水的生活才是最真挚有味的。哪里还有闲暇去理睬朝廷君王的事呀！一切功名利禄、荣华富贵如同浮云，生死都已经置之度外，不足为念了，哪里还有功夫去计较什么是非忧乐呢。

这首诗传到天子的耳里，后果当然不堪设想，当时是唐德宗在位，便派侍卫去逮捕这个和尚。侍卫拿了圣旨寻找到岩洞，正好瞧见和尚在洞里举炊，侍卫便在洞口大声呼叫："圣旨驾到，礼敬迎接……"这个懒瓒禅师装聋作哑，毫不理睬。

侍卫探头一瞧，只见禅师以牛粪升火，炉上烧的是石头，火势越烧越炽，烟火弥漫，整个洞里洞外黑雾缭绕，熏得禅师涕泗纵横，侍卫看了告诉他："大和尚，你的鼻涕流下来了，为何不擦一擦？"

"我才没有这个闲空为俗人擦鼻涕呢！"

禅师边说边夹起炙热的石头，一口吞了下去，连口赞道："好吃！好吃！"侍卫见状，不禁瞠目惊奇，看到他一副津津有味的模样，也流下口水，一旁说道："老和尚，什么东西这么好吃？"

这就是味道。侍卫无法如愿，只好回廷据实以告，德宗听了，十分感叹地说："如此和尚，真是人间之福啊！"

禅的味道必须细细去品玩，才能体会其中的妙味！

(四) 禅诗

历来有许多含义深远、耐人寻味的禅诗,大都是悟道的禅师们对悟境的抒发,每一首诗都表现着圆满纯熟的生命,譬如:

蝇爱寻光纸上钻,不能透处几多难;

忽然撞着来时路,始觉平生被眼瞒。

这首诗描写的是我们被光怪陆离的现象界迷惑了,就像苍蝇迷于纸窗上的光芒,只知一味向前冲锋,不知悬崖勒马、回头是岸,等到幡然省悟时,已经徒费了多少岁月。描写回头人生的宽阔、转见生命通达的禅诗,在禅师们的语录中比比皆是,列举两首脍炙人口的禅诗:

手把青秧插满田,低头便见水中天;

身心清净方为道,退步原来是向前。

以及:

万事无如退步人,孤云野鹤自由身;

松风十里时来往,笑揖峰头月一轮。

这两首诗表现禅者恬淡无争,以退为进的睿智,也流露出禅者随缘放旷,任运逍遥的豪迈胸襟。以其无争而天下莫能与之争,以退为进而宇宙莫有能阻挡者,可惜世间的众生只熙熙攘攘于前进,而不能享受禅者这种退步的本自具足。

另外,朱元璋年轻当小沙弥时,也有一首气度恢宏的禅诗:

天为罗帐地为毡,日月星辰伴我眠;

夜间不敢长伸足,唯恐踏破海底天。

语气磅礴雄迈,颇有帝王之势,朱元璋日后成为九五之尊,也就不足为奇了。

以上是从各个角度来透视禅师的艺术生活里所呈现的禅境。禅容易学,但是禅也不容易领会。唯有把平淡、琐碎的生活艺术化、禅味化,进而升华成一幅禅的画、一首禅的诗,才能让自己徜徉于禅园里。

四、从违逆的人情里看禅的世界

唐朝的黄檗禅师创建一座寺院,即将落成时,请一位写得一手好字的弘赞禅师,为他题写"第一义谛"四个字。当弘赞禅师写完第一张时,黄檗禅师不满意,要他重写;再写第二次,又被黄檗禅师否定。如此连续不断地写了84张,还是没有一张合适的,弘赞禅师急得汗下如雨,已经身心俱疲了。

这时候恰巧外面有客人来访,黄檗禅师便走出去接待客人。弘赞禅师心想:堂堂一位书法大家,竟然如此无能,连"第一义谛"四个字都写不好。信手拈起笔来,挥毫了一张,浑然天成。黄檗禅师会完客,走进来瞧见桌上这幅字,运笔雄浑有力,由衷赞叹道:"好极了!神妙的笔法。"

因为黄檗禅师在场逼视,弘赞禅师被他咄咄逼人的目光紧盯不放,心中有所挂碍,反而不能大展身手,挥洒自如。但是也正因为黄檗禅师的逼迫,一如禅所惯用的"置之死地而后生"的方法,紧逼至穷巷死角,身心如桶底之脱落,便能如同蛟龙入潭,兴风作浪了。有时看似违逆的人情,正是禅的大机大用。

仙崖禅师擅长绘画和书法,有一次,一位信徒喜庆作寿,礼请他去题字,希望他说些好话讨个吉利。只见仙崖禅师当场挥毫:"父死,子死,孙死"六个字。这家员外看了一怔,满脸不悦地骂道:

"你这个老和尚,今天是我做寿的良辰吉日,请你来题个吉祥话,你为什么好话不说,专说些晦气的话呢?"

仙崖禅师回答:"这句话十分吉祥如意,父亲百年寿终了,才轮到儿子死;儿子年老死了,孙子才接着死去,这不是长幼有序、生死依时吗?难道你要白发人送黑发人,子孙都先死了,才老来寂寞,后事凄凉吗?"

禅师们的思想行止都是从禅悟的境界而来,我们如果从禅师违逆人情的言笑之中,遽然给予世俗的评价,反而不能见到禅的真章。禅是扬弃既定的观念,是一匹独步于苍穹的脱缰野马。

禅师往往以无理对待有理,以无情对待有情,来显示他神奇高妙的智慧与深沉蕴藉的慈悲。

有一次,黄龙慧南禅师对一个侍立在他身旁的学僧问道:"百千三昧,无量法门,作成一句话说给你,你还相信吗?"

"师父真诚的言语,怎敢不信?"

黄龙禅师指着左边说:"走到这边来!"

学僧正要走过去,黄龙忽然斥责道:"随声逐色,有什么了结的时候?出去!"

另一位学僧知道了此事,立即走进去。黄龙禅师也用前面的话问他,他也回答:"怎敢不信!"

黄龙禅师又指着右边说:"走到这边来!"

这位学僧坚持站在原来的位置,不向右边去。黄龙又斥责道:"你来亲近我,反而不听我的话,出去!"

禅者不悟道时,这也不是,那也不是。如果悟道时,大地山河,一切都是佛法。禅宗有公案,你有柱杖子,我给你的柱杖子;你无柱杖子,我夺却你的柱杖子。叫走这边,这边不对;叫走那边,那边亦错。不是这边,不是那边,仍要出去,只因学僧未契于心。假如学僧走左边,再到右边,然后站原地,不知黄龙禅师,还有什么高招么?

玄沙师备禅师有一天上堂开示弟子们说:"在接应群机、救度众生的时候,如果遇到盲、聋、哑这三种人,要如何来教化他?眼睛瞎了的盲者,你拿起锤子、竖起拂尘,他又看不见;耳朵听不见的聋子,你和他讲话,他又听不到语言三昧;喉咙瘖哑的哑巴,叫他回应又发不出声。各位可有什么妙法可以度化这三种人?如果大家想不出度化这三种人的好办法来,佛法也没有什么灵验可言。"

大众僧你看我,我看你,瞠目结舌,答不出话来。其中有一位云水僧因此把这段公案拿去请教云门禅师,云门禅师听了,突然对这位云水僧说:"你既然来请教我,见面怎么不礼拜呢?"

云水僧听了,赶快就地一拜,抬起头来,看到云门禅师拿着拄杖迎头打了下来,云水僧一惊,赶忙退后一闪,云门禅师看了哈哈一笑说:"你并没有眼盲嘛!来,走上前来。"

云水僧依言走上前去,云门又紧接着说:"你的耳朵也没有聋呀!来,这其中的意思你懂了吗?"

云水僧听到云门禅师在问他,随口应了一声:"学人不懂。"

"咦?你根本就没有哑呀!"

云水僧当下有悟。

世上有许多有眼不能视、有耳不能闻、有口不能言的残疾人,需要禅师这种迅雷不及掩耳的霹雳手段,快刀斩尽妄执、分别的识苗,截断爱恨、贪恶的秽流,还给我们一个清净坦荡的生命。

从前有个出家人,睡觉时从来不锁房门。有一天,夜行贼前来寺院偷盗。这小偷翻箱倒柜,东摸西找,就是找不到一样值钱的东西,于是便想作罢,正要开门脱身时,躺在床上的法师突然说道:"喂!把门关好再走吧。"

这小偷竟然振振有词地回答道:"你,就是这般懒惰,难怪穷得一件值钱的东西也没有!"

"你这个人真是岂有此理,我为什么要辛辛苦苦挣钱,积聚宝物让你来偷呢?"和尚理直气壮地回答。

像这样小偷和主人撞见了,还进行一番诙谐有趣的幽默对答,真教人难以置信。禅者生命的升华境界就在于此,在违逆的人情之中屡见至情至性的奇峰。事实上人与人的相处对待,如果能做到坦坦荡荡、磊落自在,互相都以一颗真挚良善、清净无染的心相向,这就是人格的提升,生命的升华了。

不论从禅师的平常事务、矛盾语言、艺术生活或违逆人情当中,我们都能发现,原来禅的境界就是境我融一,浑然与宇宙万有合为一体的和谐气象,而我们所要的,不正是这种光风霁月的生命世界吗?什么才是独立自主的心灵、逍遥自在的生活及悠然自得的生命?欲窥性命的生机,唯有用心参禅。以下提供修禅的十点座右铭:

1. 早起未更衣,静坐一支香。
2. 穿着衣带毕,必先礼佛祖。
3. 睡不超过时,食不十分饱。
4. 接客如独处,独处如接客。
5. 寻常不苟言,出言必定行。

6. 临机勿退让,遇事当思量。

7. 勿妄想过去,须远虑将来。

8. 负丈夫之气,抱小儿之心。

9. 就寝如盖棺,离褥如脱屣。

10. 待人常恭敬,处世有气量。

这些座右铭不仅禅者要守之作为悟道资粮,常人如能遵行,虽不能悟道,也离道不远了。

1983年5月1日讲于大甲中正纪念馆

净土思想与现代生活（一）

如何建设人间的净土？
要有美好的环境。
要有安全的居所。
要有善良的亲友。
要有自由的生活。
要有净化的感情。

佛经里一再强调，我们这个世界是"娑婆世界"，意思是说这个世界苦恼很多，是一个黑暗无光的地方，因此，我们向往清净光明而又安乐的净土佛国。

虽然目前社会繁荣，经济成长，生活水平提升，然而各种公害与环境污染，几乎让我们难以平安地生存下去。以下举出六点严重威胁生存的事实：

1. 核能的威胁：核能试爆，使核辐射蔓延，人类的健康固然受到威胁，生存的环境也越来越困难。过去，苏联的核能电厂发生意外爆炸，核辐射在空气中扩散，使得欧洲人发生恐惧，他们的健康直接受到威胁，连农作物与牛奶也受到污染而不能食用。

核能电厂固然为我们提供了更多的能源动力，但是核能废料究竟会为我们后代的子孙带来多少麻烦与灾害，是难以预料的。其他如广泛使用的塑料袋、废弃的电池、变压器，以及尼龙袋等，都是含有毒素且不容易销毁的东西。将来在大自然里,这许多被废弃的毒素,势必严重影响我们的生存。

2. 生态的破坏:近来由于山林的过度开发,且又疏于水土保持,往往豪雨过后,土石流窜,山崩四起,多少家庭因此毁于一旦,多少生命埋没于乱石土堆中。假如山林不滥砍,水土做好保持,这种灾害也许就不会发生。

此外,山林里有很多珍禽异兽,但由于人类的滥捕滥杀,几乎濒临绝种。在这世界上,所有的生物都必须相互依存、均衡发展,难道人类任意残杀其他的动物之后,就能独自生存在地球上吗?

鱼儿在水中悠游戏水,这是多美好的生态现象。然而有些贪婪的渔民,过去用竿钓,用网捕,现在进一步用炸、用毒、用电,水里的鱼虾不分大小,不是被炸昏电昏,就是被毒死电死,真正是赶尽杀绝。每年,灰面鹫和伯劳鸟,因为气候的关系,会在台湾屏东恒春过境徘徊,可是有些人就会想尽方法猎捕残杀。人类如此不计后果地破坏生态,大自然的资源慢慢枯竭,实是自绝生路,终将自食恶果。在加拿大,所钓到的鱼如果不到一尺,一定要再放回水中,不然就会受法律的制裁。他们对于维护自然资源,实在很有远见。

3. 环境的污染:例如每天的垃圾里有好多化学制品的废弃品,大都是有毒素的,这些化学废物,无论是放在水里、埋在土里,都会产生污染,而影响我们的健康。

农药毒物的外泄,工厂废气废水的排放,使人类的健康受到威胁,台湾西海岸的牡蛎也变了颜色。还有,商人为了贪图自己的利益,焚烧废弃的五金、电线、电缆,产生二噁英毒气在空气中传播等。我们这个娑婆世界,是越来越污浊不净了。

4. 毒气噪音污染:过去美国人在印度开的化学工厂,因为毒气外泄,上万人就这样牺牲了。台湾新竹的一家化学工厂,也曾发生毒气外泄,带给附近民众极大的危险。

日本大阪曾经有过这样的事情:多少年来,天空中都见不到一只飞鸟。有一天,忽然有一只鸟从空中飞过,立刻轰动了全大阪,甚至整个日本,大家都在说:"我们大阪的空气改进了,天空又有鸟在飞翔了。"

又有一次,电台广播说:根据调查,北海道的马铃薯已被泥土中残留的农药毒素渗入,所以不能吃。电台一播放,每一位到市场买东西的顾客,都不买北海道来的马铃薯。

日本奈良有很多温驯的鹿。它们原本对人类很友善,会主动跑来吃人们手上的饼干,但是后来奈良的鹿竟会攻击人。为什么善良温驯的鹿,会变得这样暴躁呢?研究的结果,发现是汽车的喇叭噪音,让鹿的性情变得暴躁,见人就发脾气,甚至对人攻击。现在社会上的各种噪音,也带给人们精神上的困扰与压迫,慢慢地心里不能宁静,当然会有反抗的暴力出现。

5. 恐怖暴力污染:现今社会上的恐怖暴力事件越来越多,已经危害到大众的生命安全。从媒体报道得知,许多银行、邮局抢劫案中的年轻人,并非没有工作能力,只是以杀人抢劫寻求刺激与快乐,甚至一而再,再而三,犯下许多案件又毫无悔意,让人觉得这个世界已经被恐怖的气氛所笼罩。

有时走在路上,彼此之间只是无意地看一眼,便白刀子进,红刀子出;只是不经意地说一句话,就取了人家的性命。像这样的恐怖暴力事件越来越多,使得我们的社会无法清净祥和。

6. 思想上的污染:有很多人思想偏激,认知不清,充满邪知邪见,凡事不检讨自己,不责怪自己,却一味要求别人,责骂别人。

曾有这样的一段趣事:有一次棒球比赛,一个投手没有投好,观众大叫:"换投手!换投手!"打击手出来打击,未能打击好,观众又叫:"换打击手!换打击手!"裁判有一点点差错,又再大叫:"换裁判!换裁判!"终于有一个有良知的观众,站起来大声地叫:"换观众!换观众!"

另外,有些大众传播媒体,放弃社会责任,迎合低级趣味,腐蚀人心,带给人们思想上的污染,也是非常可怕的。上述种种污染,使我们的居住空间,我们的社会,失去了原有的和平、安宁、洁净、光明,而日趋恶浊丑陋。

而佛教的净土思想,正可作为现代人生活的参考指标。以下分为四点来说明净土和我们的关系。

一、净土在哪里?

常有人问:天堂地狱在哪里?净土佛国又在哪里?

1. 净土在净土的地方:净土到底在哪里?有人说:净土就是西方极乐世界。这也不一定的,因为还有很多其他的净土。

2. 净土在人间:净土在哪里?真正的净土,应该在人间。"佛法在人间,不离世间觉",就是要建设人间净土。有时候到市场买菜,看到鸡、鸭被剖肚、拔毛、宰割,那就是刀山、地狱、油锅。相反的,也有人家的猫、狗,被养在很好的地方,主人把它当作宠物爱护备至,那就是天堂。人生也是一样,在艰难困苦的生活里,生不如死,真是比地狱还苦;也有的人住在高楼大厦,一切应有尽有,生活非常舒适,正如天堂一样。天堂地狱在哪里?天堂地狱就在人间,净土也可以实现在人间。

3. 净土在心里:我们不但建设人间净土,我们甚至可以建设唯心净土。如《维摩经》云:"随其心净,则国土净。"这个世界是善是恶?是好是坏?可以随着我们每一个人的心而变动。

舍利弗尊者曾请问佛陀:"十方诸佛都有其清净美好的净土,为什么只有佛陀您所居住的这个娑婆世界是五浊恶世,不像净土呢?"佛陀用足趾按地,大地霎时变为金色,他对舍利弗尊者说:"舍利弗,你看看,这就是我的世界。"所以,"三界唯心,万法唯识",只要我们重视心理建设,必定可以把娑婆世界建成一个美好的人间净土。

洞山禅师曾问他的门徒:"天气如果太热,你们到哪里去避暑?"

大家回答:"当然到气候凉爽的地方避暑。"

洞山禅师再问:"寒冷的时候,到哪里避寒?"

弟子又回答说:"当然要到天气暖和的地方避寒。"

洞山禅师非常失望,觉得这许多弟子一个个都没有出息,没有禅门修为。

弟子就问洞山禅师:"师父,那我们应该到哪里避暑、避寒呢?"

洞山禅师说:"避暑,当然要到很热的地方去避暑;避寒,要到很冷的地方去避寒。"

这个公案,说明了一个很微妙的道理,就是要用我们的心去转变环境,不要让环境来转变我们的心;必须面对现实,不逃避现实,才能改造环境。

有一次,唐朝诗人李白去拜访恒寂禅师,当时天气十分酷热,恒寂禅师却悠闲安静地坐在房间内。

李白说:"禅师,这里好热哦!怎不换个清凉的地方?"

恒寂禅师说:"我觉得这里很凉快啊!"

李白深受感动,于是作了一首诗:

> 人人避暑走如狂,独有禅师不出房;
>
> 可是禅房无热到,但能心静即身凉。

所谓"心静自然凉",参禅也是一样的心境,"参禅何须山水地,灭却心头火自凉",没有心头火的地方,不就是净土吗?

二、净土的种类

念药师佛的人,就会知道药师佛有东方琉璃净土。在药师如来的愿力之下,琉璃净土里的人们都过着丰衣足食、安和乐利的生活。

念阿弥陀佛的人,知道西方有一个极乐净土。在极乐净土里,所有的民众,都是莲花化生,他们不需要为生活操劳,为经济钻营,思衣得衣,思食得食。他们飞行自在,来去自如,没有交通事故的发生。那里没有任何污染,到处都是清净的流水和盛开的百花,更有所谓七重行树、七重罗网,非常清洁、美好、整齐。此外,也没有烦恼的忧患,没有恶道的恐怖,没有坏人,没有坏语,没有经济的匮乏,这就是西方净土的情况。

弥勒菩萨也有其兜率天的兜率净土。不管是要到东方琉璃净土,或往西方弥陀净土,必须念佛念到一心不乱,不可以少福德因缘,得生彼国。但是,像弥勒菩萨的弥勒净土,就不必完全断除那么多烦恼,且距离娑婆世界也比较近,无论出家、在家都可以上生弥勒净土。弥勒净土的情景,在《弥勒上生经》有详细地记载。太虚大师、慈航法师都曾大力提倡弥勒净土。

弥勒净土与娑婆世界比较起来,有以下几个非常殊胜的地方:

1. 寿命很长。
2. 欲乐很殊胜。
3. 身体很高大。
4. 定力很安乐。

此外,华严净土是法身佛的净土,以清净法身毘卢遮那佛为教主,具足无量相海功德所庄严的妙境。三世诸佛同为一际,一一毛孔中涵容法界,一切境界都是重重无尽,甚深广大。能体会这种净土,一刹那就是永恒,微小里包含广大无边。所以在华严净土中,须弥藏芥子,芥子纳须弥,小中有大,秽中有净,暂时亦能长久,动中不失其静。

而最殊胜的净土,应该是人间净土。现世社会的人间净土中,应该具备哪些基本条件呢?

1. 没有杀戮:即是没有无故的杀害。
2. 没有盗窃:我的生命不受他人的侵犯,我的财富也不会有人窃取。
3. 没有邪淫:我的身体、我的名节,不受他人的侮辱破坏。
4. 没有诽谤:我的名誉,没有人随便诽谤诬蔑。人际之间没有诈欺,彼此真诚,相互尊重。

假如我们的社会里,没有人侵犯我的身体,没有人侵占我的财产,没有人损害我的名誉,也没有人侵犯我的自由,这不是很美满的人间净土吗?

赵州禅师发愿往生后到地狱去,和地藏菩萨一样普度苦难的众生,即怀着无限的慈悲,带着广大的行愿,所谓"我不入地狱,谁入地狱"。慈航法师也说:"只要一人未度,切莫自己逃了。"

只要心中有佛,性净意纯,哪里都是净土,地狱也会变成天堂。

现在的人有地毯、有冷气,坐的是沙发,睡的是席梦思,可是住在屋里的人有烦恼、有压力,睡觉也睡不着,坐也不是,站也不是,不能自由,不能自在。而古代许多禅门大德,因为有了禅心,不仅在酷热中可以安坐,连在苦难中都能自在,所以,唯心净土能使我们任意逍遥自在。

有一位地方官拜访白隐禅师,请教佛门常说的地狱与极乐,是真实的呢?还是一种理想?希望禅师能带他参观真实的地狱与极乐。

白隐禅师立刻用许多最恶毒的话辱骂他,这位长官十分惊讶,刚开始基于礼貌,长官没有回嘴,最后实在忍不住了,随手拿起一根木棍,大喝:"你算什么禅师?简直是个狂妄无礼的家伙!"说着用木棍就往禅师身上打下去,白隐跑到大殿木柱后,对着面露凶相追赶过来的长官说:"你不是要我带你参观地狱吗?你看你!这就是地狱!"

那个长官察觉到自己的失态,急忙跪地道歉,请禅师原谅他的鲁莽。

白隐禅师笑着说:"你看,这就是极乐。"

我们的心,每天从天堂到地狱不知来回多少次,要想常住天堂,只有虔修唯心净土。

三、净土的情况

1. 在净土里的人际关系是不疑惑、不嫉妒、不欺、不侮、不妄语、不骗人、不打、不斗,没有烦恼是非;净土里人与人之间相处,会给人信心,给人欢喜,给人力量,给人方便。

2. 净土中的生活是安乐的生活,一切都能随其所需、随心所欲。因为过去曾与人结缘、播种,所以在净土的生活,一切资源都会自然而来。每天在真理中过着欢喜的生活,在禅悦中过着禅定、安静、愉快的生活,在智慧般若海中享受快乐幸福。

3. 在建设上很有成就,有所谓的黄金铺地,七宝楼阁、八功德水,物质建设像现代都市的富丽堂皇,自然界像公园那样美好整洁,尤其在净土里,每一个人都把慈悲的福田耕种得很好,品格道德也都提升到很高的境界。

四、净土与我们的关系

我们需要一个怎么样的净土呢?要让我们的社会、我们的世界能像药师如来的琉璃净土、阿弥陀佛的极乐净土、弥勒菩萨的弥勒净土一样,也成为一个人间净土。

如何建设人间的净土呢?

1. 要有美好的环境——道路如极乐世界一样的平坦,房屋建筑、树木花草像极乐净土一样的整齐。环境非常干净,公共设施非常便利,社会中只有公益,没有公害,只有美好,没有脏乱。

2. 要有安全的居所——所居之处,没有坏人的侵犯迫害,没有台风、洪水、地震等天灾,邻居都是有道德的善友,外出旅行方便而自由,看到的都是慈祥的面孔,听到的都是美好的音声。我们住家的四周都是公园、学校、图书馆、文化中心,到处都是树木花草。

3. 要有善良的亲友——仿佛极乐世界一样,诸上善人聚会一处。我们的亲戚朋友都是正直高尚人士,不以金钱相结合,不以酒肉享乐相交往,大家以论道做朋友,以知识来做朋友,以修行来做朋友,以服务、喜舍、布施来做朋友。

4. 要有自由的生活——在家庭或社会上,无论身处何处,都不会有危险、有迫害。政治上,人人有自由参与的权利;商业上,人人有自由经营的权利;活动上,大家都可以自由参加正当的娱乐活动。人人享有自由,并且尊重不侵犯他人的自由。

5. 要有净化的感情——人又称为有情众生,人的生存从情爱而来,是少不了感情的。可是感情最容易被污染,像盲人骑瞎马一样危险,我们必须以智慧来净化感情,以慈悲来引导感情。

若要实现生活中的净土,就必须改变我们的观念,改变我们的心理。如果心念不改,每天在贪、瞋、痴里打转,即使走遍天下,甚至到西方极乐世界,那也不是我们的净土。

有一位虔诚的佛教信徒,每天都从自家的花园里,采撷鲜花到寺院供佛,一天,当她正送花到佛殿时,碰巧遇到无德禅师从法堂出来,无德禅师非常欣喜地说:"你每天都这么虔诚地以香花供佛,依经典的记载,常以香花供佛者,来世当得庄严相貌的福报。"

信徒说:"是呀!当我每次来寺礼佛时,自觉心灵就像洗涤过似的清凉无比,但回到家中,心就烦乱了,作为一个家庭主妇,如何在烦嚣的尘世中保持一颗清净纯洁的心呢?"

无德禅师反问:"你以鲜花献佛,又是怎样保持花朵的新鲜呢?"

信徒回答:"保持花朵新鲜的方法,莫过于每天换水,并且于换水时把花梗剪去一截,因为花梗的一端在水里泡久了容易腐烂,一旦腐烂了,水分不易吸收,花就容易凋谢。"

无德禅师说:"想要保持一颗清净纯洁的心,道理也是相同,周围生活的环境好比瓶里的水,我们就是花,唯有不停净化自己的身心,变化气质,并且不断地忏悔、检讨,改进陋习、缺点,才能不断吸收到大自然的营养。"

信徒听后,欢喜作礼,感谢地说:"谢谢禅师的开示,希望以后有机会亲近禅师,过一段寺院中禅者的生活,享受晨钟暮鼓,菩提梵唱的宁静。"

无德禅师道:"你的呼吸便是梵唱,脉搏跳动就是钟鼓,身体便是寺宇,两耳就是菩提,无处不是宁静,又何必等机会到寺院中生活呢?"

古德说:"热闹场中作道场。"宁静,只要自己息下妄缘,抛开杂念,哪里不可宁静呢?如果自己妄想不除,就算住在深山古寺,一样无法修持,"参禅何须山水地,灭却心头火亦凉"。

所以净土在哪里?净土就在我们心中啊!

过去,有一只乌鸦,因在当地不受欢迎,决定换个地方,飞到半路上遇到一只喜鹊,喜鹊问它:"乌鸦,你要飞到哪里去呀?"乌鸦就说:"这个地方很讨厌,他们一直责怪我、骂我,我讨厌这里,所以我要飞走。"

喜鹊对乌鸦说:"你不用搬家,你要知道这里的人之所以讨厌你,是因为你的声音不好听,就算搬到别处,但声音仍然不改,那地方的人还是会讨厌你的。"我们的观念不改,恶习不去,到哪里也不会有我们的净土。

因此,想在世间建设人间净土,首先必须建设唯心净土。

1986年5月27日讲于高雄中正文化中心

净土思想与现代生活(二)

> 如果大家都能从心理上自我健全,
> 自我清净,自我反省,自我进步,
> 从而扩及家庭、社区、国家,
> 那么整个世界就是佛光普照的人间净土。

阿弥陀佛有西方极乐净土,药师如来有东方琉璃净土,毗卢遮那佛有清净法身自性净土,弥勒菩萨有兜率天的兜率净土,甚至维摩居士也有他的唯心净土。人人都有佛性,但我们的净土又是什么呢?以下为生活在现代社会中的大众,描绘出人间净土的理想蓝图。

一、平等包容是我们的净土

平等很宝贵,包容更宝贵。今日的世界,种族之间不平等,大国小国之间不平等,甚至男女也不平等,贫富更不平等……在现实的世界里,由于不平等的事情太多,是非、烦恼、仇恨、纷争才会不断地发生。

我们如果能感受到自己与三世诸佛的本性是无二无别、平等相同的,自然会自尊自重,把别人看成是未来的诸佛。《法华经》中的常不轻菩萨说:"我不敢轻视汝等,汝等将来皆当作佛。"如果每一个人都能尊重别人的人格尊严,人间自然不会有纷争发生。

平等重要,包容更重要。世间上有很多事物相歧,如见解思想的不同,生活习惯的不同,语言文字的不一样,以及其他种种的不一样。我们要有容纳异己的心胸,有容乃大,大才能共存共荣;有各种不同现象的存在,才能显出这个世界的多彩多姿。

"竹密不妨流水过,山高岂碍白云飞",竹子一根一根地密集生长,流水还是一样潺潺流过;无论山多么的高耸天际,也不妨碍白云飘过长空。不管世间的人怎样阻碍我,假如我们能像水一样柔软,像云一样逍遥,一样可以精进向前而又随缘自在。所以,世间给予我们的阻碍,不要太计较,只要自己有平等心与包容心,一切都能迎刃而解。

我们手中的五根手指头,一向都和平共处相安无事。有一天,这五根手指头,忽然互相争吵起来,大拇指说:"这里面我最大。"同时竖起大拇指:"你们看!我代表最大、最好!所以,应该由我来领导。"

第二根食指听了很不服气,说:"这当中我最大最有用。我一伸,这里!那里!大家都听我的指挥,我才是最大,我叫食指,只有我动大家才有得吃,所以我最重要。"

中间的手指头也不服气地说:"你们看五根手指头哪一根最长?我最长!哪一个在中间?我在中间!实实在在我是最大的。"

轮到无名指,它说:"你们统统不要讲,手中真正最大的,应该是我无名指。你们有人以虚名为重要,有人以实际为最重要。我是无名指,虽然我不要名,但是,钻石和金戒指都会套在我的手指上,我才是最尊贵的。"

争来争去,大家都争第一,独有小拇指在旁边不开口。大家就问它:"你怎么不讲话呢?"小拇指说:"我有什么好讲呢? 我最小、最后、最没用,我跟你们争什么呢? 不过我虽然最小,但这只手如果没有我小姆指,只有你们四个指头,也不像一只手吧。"

大家一听,这个道理没错,因为有了小拇指才像一只手。这个时候,小拇指又再开口说:"我们拜祖先、拜佛,要合掌礼拜,那时候我也是排在最前面哪!"

从平等的观点来讲,这五根手指头谁是第一? 个个是第一,通通都有用。一只手如果只有一根手指,它是起不了作用,没有力量的。一定要五指并存,成为一只手,团结合作成为拳头,才有力量。所以,大家不必争我第一、我最好、我最大。只有团结、互助、平等、包容,为我们的社会、国家,建设一个更光明、更美好的明天才是最重要的。因此,平等、包容是我们的净土。

二、自由民主是我们的净土

不少人都想到西方国家去,例如美国、加拿大;欧洲如英国、法国、德国等等。以美国为例,美国是个自由民主国家,这种自由民主的生活方式,也类似大乘佛教的根性。

例如肯布施,他们不但帮助国内的老弱伤残,对失业贫病也有救济。美国可以说是个法治的国家,美国人也能忍耐,像排队,不管队伍再怎么长,也不会任意插队,更不会争先恐后,处处显得从容不迫,那种忍耐的修养令人敬佩,因此交通秩序也十分良好。

人民在休闲时活泼,但工作时一定全力以赴,充分表现精进不懈的精神。此外,无论搭飞机或坐火车,到哪里去旅游,都是静静的,不会任意吵吵闹闹,随时处在类似禅定的境界中。所以他们的科学,乃至社会人文都相当发达。现今追求自由民主的我们,每一个人也应该在生活中努力实践这才能迎头赶上西方国家。自由民主是现代社会的中心思想,也是人类追求的生活方式。早在2500年前的释迦牟尼佛,就具有这种自由民主的思想。

佛教讲业,业是最自由的,自作还是自受。你作恶犯罪,佛祖也不能保佑你;你做善事有功德,任何人也无法打倒你、贬损你。业,就是善有善报、恶有恶报。我们的行为、语言、思想所造下的一切,都会成为业,自己作的自己负责,这不是很自由吗?

佛陀也非常民主,他的姨母大爱道比丘尼,做了两件衣服送给他,他只肯接受一件,另一件则转送给僧团的大众。他常说他只是大众中的一员,这正是佛陀真正民主的地方。

自由民主这么好的名词,也有人随便滥用,只顾自己的自由,不尊重别人的存在;高喊民主的口号,却处心用计妨害别人、打击别人、破坏公益,这些都不是自由的真义。我们必须多受一些教育,多接受一些佛法。净土很美好,但真正的自由民主,才是我们美好的净土。

三、慈悲喜舍是我们的净土

我们平时所依据奉行的道理是什么?一天当中,我们的心念又安住在生活的哪一个层面上?《华严经》说:"常乐柔和忍辱法,安住慈悲喜舍中。"即是告诉我们应常常欢喜柔和忍辱法,并安住在慈悲喜舍上。

信奉佛教的人很多,心中真正有佛法的人却很少,具有慈悲喜舍、柔和忍辱的人更不多见。我们以慈悲喜舍作净土,透过修持,期许能够"愿将佛手双垂下,抚得人心一样平",将双手化作慈悲的手,给人服务,给人帮忙;让我们的眼睛,成为慈悲的眼睛,给人亲切、和善与慈祥。

让我们以慈悲的口、慈悲的眼、慈悲的语言、慈悲的声音、慈悲的欢笑、慈悲的眼泪、慈悲的心对待他人。然后,用这种清净温柔的心,来转山河大地。水,可以成为慈悲解渴的水;路,可以成为慈悲行走的路;山,可以成为慈悲深重的山;树,可以成为慈悲荫凉的树。一切都由心转,整个宇宙人生会变得更加慈悲可爱。

慈悲的花草,给人欣赏;慈悲的树木,给人乘凉;慈悲的大地,承载众生。甚至因为慈悲的指引、慈悲的开导、慈悲的手段,进一步做到每一个人都是慈悲的人,我的家是一个慈悲喜舍的家,我的团体是一个慈悲喜舍的团体……乃至我们的国家,也是一个慈悲喜舍的国家。慈能与乐,悲能拔苦;欢欢喜喜帮助人,没有目的,没有企图,也没有邪恶的贪心。要做到慈悲喜舍,必须有三种观念:

1. 自他互易:把自己和他人的立场换一换,就能产生慈悲心。我对你之所以不能慈悲,是因为你不是我,假如把你的痛苦当作是我自己的痛苦,就会生起慈悲了。

2. 怨亲平等:没有敌我之分、怨亲之别,一切平等对待。有时,怨家也会成为我们的逆增上缘,亲人反而破坏我们的好事。假如怨亲平等对待,就会避免许多不必要的差别。

3. 自他同体:能不分你我,才是无缘大慈,同体大悲。你和我,不是两个,原来是一体,例如自己身上长了垢秽的脓疮,因为在自己身上,所以会细心爱护,为它治疗。如果能把别人身上的脓疮,当作是长在自己身上,就会同样细心地为他治疗了。

四、安住禅心是我们的净土

禅心,是清净自在而无所挂碍的净土。把自己安住在"禅"的里面,禅就是我的净土。所谓"心头无事一床宽",心里没有事,纵然是一张小小的床,也好像是三千大千世界一样的宽广。

有一个犯人,住在很小的牢房里,每天生活的圈子很狭窄,他感到非常委屈。有一天,牢房里飞来了一只苍蝇,他就扑打它,苍蝇飞到东边,他向东边一扑;苍蝇飞到西边,他又往西边一扑,就这样在牢房里打来打去,居然打不到这只苍蝇。这时,他才觉得:我这牢房不小啊,居然连只苍蝇都捉不到。

有很多人被关在有形的牢狱里,也有不少人,把自己囚在无形的心牢中。为什么不从心的牢笼里挣脱出来呢?有了禅心,身心就能解脱无碍;有了禅心,对一切外境的大小,也能无所挂碍。禅心即是无心,即是不动心。

尽管是花红柳绿的社会,冷暖无常的人间,只要你对它不动心,日子就会很好过。有两句禅诗写得很好:"竹影扫阶尘不动,月穿寒潭水无痕。"风吹竹子,竹影随风扫着台阶,可是台阶上的灰尘并未移动;天上的月亮照在水里,月色穿入潭水,可是潭水没有波痕。不管世间的变化如何,禅者的心,是不会为外境所动的。正如无门禅师说的:

春有百花秋有月,夏有凉风冬有雪;
若无闲事挂心头,便是人间好时节。

有一位朱慈目居士是对净土法门非常有修持的信徒,一天特地去拜访佛光禅师道:"禅师,我念佛拜佛已经二十多年了,最近在持佛号时,好像不太一样。"

佛光禅师问道:"有什么不一样呢?"

朱慈目道:"我过去在持佛号时,心中一直有佛性,就算口中不念,而心中仍然觉得佛声绵绵不断,就是不想持,但那声音仍像泉源,会自动流露出来。"

佛光禅师道:"这很好呀!表示你念佛已念到净念相继,与佛相应,找到自我的真心了。"

朱慈目道:"谢谢禅师的赞叹,但我现在不行了,我现在很苦恼,因为我的真心不见了。"

佛光禅师道:"真心怎么会不见呢?"

朱慈目道:"因为我与佛相应的心没有了,心中佛声绵绵不断的净念相继没有了,要找也找不回来了。禅师!我为此好苦恼,请您告诉我,我到哪里去找我的真心呢?"

佛光禅师指示道:"寻找你的真心,你应该知道,真心并不在任何地方,你的真心就在你自己的身中。"

朱慈目道:"我为什么不知道呢?"

佛光禅师道:"因为你一念不觉,和妄心打交道,真心就离开你了。"

信徒朱慈目听后,似有所悟。

真心没有了,这就好像说失落了自己,找不到自己的家门。人为什么会迷惑?总是因为虚妄覆盖了真心,永嘉大师说:"君不见,绝学无为闲道人。不除妄想不求真,无明实性即佛性,幻化空身即法身,法身觉了无一物,本源自性天真佛。"就是这个意思。

在台湾动荡不安的时代里,如果我们不能安住在禅心里,不在心理上建设净土,就不容易感受到生活的美好。

五、大乘方便是我们的净土

在群体生活中,无论是读书、做人、做事,为社会为国家,都需要有无量的方便作为我们的净土。

有一座寺院,安装了一尊非常庄严的阿弥陀佛圣像,请慧空老法师去开光。未开光之前,老法师进入大雄宝殿,不诵经也不拜佛,就在大殿里躺下来睡觉。当家师看了上前告诉他:"法师,这里是大雄宝殿,阿弥陀佛供在那里,你这样子不庄严、不威仪,不太好吧!"

老法师回答:"阿弥陀佛是我们的父母,我今天来到这里,是回到了家,当然可以随便自由了;你们这样子,不像亲生儿子,倒像个义子,不把阿弥陀佛当亲父母。我如果不是亲生的儿子,怎么会这么自在呢?好,不睡就不睡。"说完老禅师就上前把阿弥陀佛从中间请了下来,他跟佛像一起坐在窗口。

当家师又忍不住了开口:"佛祖应该放在大殿中间,你把他放在窗边做什么呢?"

"窗口清风徐来,十分清凉,佛祖应该在这里呀!你们把他放在空气不流通的地方,他的日子不好过呢。"这时候,老法师发现很多人在旁边看热闹。就问:"你们看什么呀?"

"这佛像很好看……"

"既然这样,这帽子上的宝珠给你,颈项上的念珠给你。"老法师把佛像的饰品拆下来,给你给他,都给别人了。

当家师看了,有些生气:"老法师,你怎么能这样呢?"

"你不是找我替佛像开光吗?佛祖的光要给人啊!佛祖过去割肉喂鹰、舍身饲虎,连头脑、眼睛都挖出来布施给人。今天来了这么多信徒,这点东西,当然也应该布施给人,这种布施不是最好的开光吗?既然你们不喜欢,我就把佛像带回去。"

说着,慧空老法师就把佛祖请回去了,不少信徒跟着他坐上船,大家一路称念阿弥陀佛圣号。忽然间,起了大风大雨,船在大浪中摇动得要翻倒似的。这时候大家不念阿弥陀佛了,为了活命,转拜妈祖:"妈祖!赶快来救我!"好不容易台风过去了,大家走出来一看,老法师竟然抱着佛像在睡觉。"老和尚,老和尚,你还睡得着啊。"老和尚被摇醒,一看:"这是哪里呀?还在娑婆世界啊!我以为已经和阿弥陀佛到了西方净土呢!"慧空老法师并不是在游戏,而是行大乘方便的法门。

又如持戒严谨的末利夫人,为了救一个厨师,而犯戒喝酒,这也是大乘方便的利用。玄奘大师为了度窥基出家,甚至准许他出门带三车:一车的美女、一车的酒、一车的书,当时的人都称窥基为三车和尚。佛门是禁色、禁酒的,玄奘大师如此作为,也是一种大乘方便的利用,没有这种方便,怎会有后来的一代慈恩大师呢?

我们学佛法要洒脱,要高人一些,就必须用超越的智慧来看大乘方便法门,所以大乘的方便也是我们的净土。

六、清净唯心是我们的净土

有一位老师父,在路上见到一个年轻人骑车掉到水沟里。老师父赶快过去把他拉起来,并帮他清洗满身的污泥。因为水沟很臭,老师父帮他洗的时候,难闻的臭气阵阵扑鼻。旁边的徒弟就说:"师父,他全身那么臭,你为什么要帮他洗呢?"

老师父很不客气地说:"他,身体很脏;你,心里更脏。"

怎样消除我们内心的污染,成为清净的净土? 早上起来,看到报童送报纸,这时心里想到:如果我也能和报童一样,送一份什么东西给人,那多好呢! 天还没亮,就有清道夫在清扫垃圾,那时心里想着:假如我也能和清道夫一样,清除心理的污垢,不知该有多好! 上班的时候,看到警察在那里指挥交通,那时你就想:假如我也能做个警察多好,不但维护社会的交通秩序,也可以用来规范自我的身心。

有一个中国小孩,在美国喝可乐,吃完后把罐子随地一丢,后面立刻有一位老太太叫了起来:"喂,小朋友,把那个罐子捡起来。"小孩看了看她,说:"关你什么事?"

老太太道:"怎么不关我的事情? 你乱丢垃圾制造脏乱,破坏这里的环境,我的房子就跌价不值钱,怎么与我没有关系?"

人人自己做自己的"警察",也做社会的"警察",共同来维持秩序,我们心里的净土才能实现。

七、勤奋愿力是我们的净土

在这现实的社会,别人对我们的侮辱,不必认为可耻;工作卑微,不要以为自己卑下;艰难困苦,也不必视为挫折失败。事业顺利,有了光明的前途,也不必过分志得意满;我们为人服务,度化众生,也不要认为是负担麻烦。心中有了勤奋的愿力,就能忍人所不能忍,行人所不能行。如此,道行会越来越深,净土才会离我们越来越近。

有一个青年人非常醉心于佛像的雕塑,但由于缺乏专家的指导,所雕塑出来的佛像总不尽如人意,因此专程到寺庙里拜访师父,希望能得到相关的知识与技巧。

每天年轻人到了寺里,师父便会放一块宝石在他手中,要他捏紧,然后天南地北地跟他闲聊,除了雕刻方面的事外,其他一切都谈,约一个小时后,师父就会拿回宝石,然后要他继续用功修持。

就这样连续过了三个月,既未谈到雕刻的技术,甚至都未谈到为什么放一块宝石在他手中,终于,年轻人不耐烦了,但又不敢询问法师。一天,师父仍照往常一样,又拿一块"宝石"放在他手里,准备谈天。

年轻人一接触那块宝石,便觉得不对劲,立刻脱口而出说道:"师父!您今天给我的,不是宝石。"

法师问道:"那是什么呢?"

年轻人看也不看,就说道:"那只是一块普通的石块而已。"

法师欣悦地笑着说:"对了,雕刻是要靠心手一致的功夫,现在你的第一课算是及格了。"

世间一般人学习技能,总希望速成,甚至学佛的人,也希望当生成就,立地成佛,孰不知"不经一番寒彻骨,焉得梅花扑鼻香?""罗马不是一天造成的,千年古松不是一日长大的。""只要功夫深,铁杵磨成针。"悟,虽只一刻,但要能历经长期的修持,修道者要能经得起时间的考验,凡事耐烦,这才是学者应修的第一课。

谚语说:"黄金随着潮水流来,你也应该早早把它捞起来。"世间没有不劳而获的成就,万丈高楼平地起,万里路程一步始,生死烦恼,别人不能代替分毫,一切都要靠自己。

净土要有信、愿、行三资粮才能达到。所以,有勤奋的愿力,加上虔诚的信仰与实践,必定能实现我们的净土。

八、智慧灵巧是我们的净土

实现净土,要有智慧与灵巧。能用智慧、灵巧来生活,地狱都是净土;没有智慧灵巧,容易让人牵着鼻子走,东风吹西边倒,西风吹东边倒。有这么一段趣事:

甲乙两座禅寺,都由禅师住持。两寺禅师经常训练门徒的禅锋机语,两寺每日均各指派他们寺中的沙弥前往市场买菜。

甲乙两寺的沙弥,有一天在路上相遇,甲寺沙弥问乙寺沙弥:"请问你到哪里去?"

乙寺沙弥回答:"风吹到哪里,我就到哪里。"

甲寺沙弥想不到乙寺沙弥这么回答,一时不知怎么说下去才好。等回到寺里,沙弥将情况禀告师父,师责备道:"傻瓜!你可再问,假如没有风时,你要到哪里去呢?"

甲寺沙弥记着师父的指示。第二天相遇的途中,甲寺沙弥胸有成竹地问乙寺沙弥:"喂!你今天到哪里去?"

乙寺沙弥非常从容地答道:"腿要走到哪里,我就到哪里去!"

甲寺沙弥因为答案出乎意外,一时语塞。回到寺里,告诉师父,师父更加责备:"你真傻,你可以继续问,假使腿不走时,你要到哪儿去呢?"

甲寺沙弥用心记住师父的指示,又一日,途中再度相遇,甲寺沙弥问乙寺沙弥道:"喂!你今天要往哪里去?"

乙寺沙弥用手往前面一指,回答道:"我到市场买菜去!"

乙寺沙弥揭出底牌,甲寺沙弥不知话语如何为续。

从甲乙两寺的沙弥可以看出禅的风姿,甲寺沙弥虽然善良有礼,但缺少禅的机辩,反观乙寺沙弥随口说来,话既幽默有趣,言又禅味风生。

所以禅不能拘泥执着,禅慧思捷智,在任何时间、任何地方,信手拈来,总会皆成妙谛。智慧、灵巧是我们心中的净土,也是无价之宝,是任何人也偷不去的。

如果大家都能从心理上自我健全,自我清净,自我反省,自我进步,从而扩及家庭、社区、国家,那么整个世界就是佛光普照的人间净土。

1985 年 5 月讲于高雄中正文化中心

净土思想与现代生活(三)

如何健全人生净土?
实践眼耳鼻舌的净土。
实践行住坐卧的净土。
实践人际间的和谐净土。
实践居家环境的净土。
实践思想见解上的净土。
实践心田识海的净土。

"一花一世界,一叶一如来",每一尊佛都有每一尊佛的净土,释迦牟尼佛以三劫修福慧、百劫修相好来完成他的净土。阿弥陀佛以四十八大愿,去实践他的极乐净土。东方药师佛以他的十二大愿,来实践东方琉璃净土。一切诸佛如来及圣贤,都以他们的慈悲愿力,来完成他们的净土。那么,我们要如何完成自己的净土呢?

一、如何建立人生净土

1. 实践眼耳鼻舌的净土:当我们的眼睛看到世间种种不惯的事情时,就想到"眼不见为净",但实际上心里却无法清净。我们不是聋子,对于刺耳之音、逆耳之言,不得不听。所以实践人生净土,首先要把眼、耳、鼻、舌的净土庄严起来,经常以慈悲的眼睛视众生,与人关注、给人温馨、对人瞻仰。常说良言美语使人欢喜,说帮助慰勉的话,说有建设性的话,说鼓励赞美的话。时常面带微笑,流露慈悲,布施祥和。如此,人人皆具慈悲的眼睛,温暖的微笑,以及良言美语,就是人生的净土。佛教有四句偈说:

  面上无瞋是供养,口里无瞋出妙香;

  心上无瞋无价宝,不断不灭是真常。

2. 实践行住坐卧的净土:如果我们的行人车辆,都能遵守交通规则,不争先恐后,不违规犯法,一切都守秩序,此即行的净土。日常生活里,能够做到举止安详、进退有礼,一切落落大方,就是行、住、坐、卧的净土。佛教讲四威仪,所谓"行如风,立如松,坐如钟,卧如弓",如能持恒实践,则行住坐卧,举手投足,处处都是净土。

有一初学青年请教赵州禅师道:"我是刚入门的求道者,诚恳地请求老师给予一些特别地指教。"

赵州禅师道:"你吃过早饭没有?"

"谢谢,用过了。"

"那么,去把自己的碗筷洗干净吧!"

"洗干净了。"

"请将地清扫一下吧!"

初学青年终于非常不满意地道:"难道洗碗扫地以外,老师就没有别的禅法教我吗?"

赵州禅师也很不客气地说道:"我不知道除洗碗扫地以外,还有什么禅法?"

禅,离开不了生活,穿衣吃饭是禅,搬柴运水也是禅,一个人不把生活照顾好,禅安住在什么地方呢?

碗不洗,地不扫,生活问题都解决不了,生死怎么能解脱呢?

有诗云:

> 粥罢令教洗钵盂,豁然心地自相符;
> 而今参饱丛林客,且道其间有悟无。

3. 实践人际间的和谐净土:人与人之间的不愉快、不融洽、有误解、有怨隙,都是由于彼此之间有着一道无形的鸿沟及高墙,使人际关系日渐疏离隔阂。人与人之间必须加强沟通、交流,增进谅解、同情、友爱、互助。彼此交往,要开诚布公,礼尚往来,常以幽默做润滑剂、开心果,才能化解紧张误会,增进团结合作。如此,净土即在人我之间。

松云禅师出家学禅后,因为挂念年老的母亲无人照顾,就自己建了一座禅舍,带着母亲同住。松云禅师每天除了参禅打坐以外,就是帮人抄写佛经,赚些生活费用。有时上街为母亲买些鱼肉,街上人总指着他说:"你们看那个酒肉和尚!"

松云禅师不去解释,因为他不介意别人的闲言碎语,但他母亲放不下别人的批评,因此也跟着出家食素。

一天,有一位美丽的小姐在路上遇到他,为其庄严的仪表所感动,请他到家中说法,松云禅师没有推辞,以为说法是好事,但事后别人传言,说有人亲眼见到松云禅师到妓院去嫖娼。

乡人捣毁他的禅舍,赶他离开。松云禅师不得已,只好把母亲托人代养,自己出外云游参访。事经年余,母亲因思儿成病,未几病重过世,乡人不知松云禅师何去,只得草草收殓,等松云禅师回来再奉行安葬。

不久,松云禅师回来,在母亲灵柩前站了许久,然后用手杖敲打棺木说道:"慈爱的母亲!孩儿回来了!"

说完,他又学母亲的口气道:"松云!看你完成禅道回来,母亲很高兴!"

"是的!母亲!"松云又自语道:"孩儿以此禅道,回向您上生佛国,不要再来人间受苦受气,我也和您一样高兴!"

松云禅师说后,接着对众人道:"丧礼已毕,可以安葬!"这一年母亲68岁,松云禅师30岁。

松云禅师56岁的时候预知时至,他召集弟子辞别,并在母亲遗像前上香,写下一首偈语:"人间逆旅,五十六年;雨过天青,一轮月圆。"写后,安详而逝。

世间,只要有人的地方,就有是非与好坏,就有光明与黑暗,说好的未必好,说坏的未必坏。松云禅师的冤屈,助长他的禅道;母亲的病逝,回报她的佛国安养。只要有禅,有净土,就没有悲苦,就没有怨恨。

一个人内心没有净土,很容易为外物所牵,被外境所转。喜怒哀乐,都受别人控制,自己不能做主。这种没有定见,不能自我肯定的人生,必然是非常痛苦的。

"小姐,你的衣服好漂亮噢!"她听了就高兴。其实衣服漂亮与人的容貌气质又有多少关系呢?所以对别人语言上的赞美或批评,要能淡然处之。

人生在世,为了生活不得不工作,工作中难免有委屈与艰难困苦之处,但大多数人都嫌别人不好:警察不好,多管闲事;老师不好,没有认真教学;学生不好,不肯用功读书;领导不好,不照顾下属;职员不好,不认真办公……世界上的好人,究竟都到哪里去了?

只要对别人的指摘转化为对自我的检讨,一切从要求自己做起，我们的人际关系就会马上改观，而觉得人人皆有他的特长，个个都有善良的一面。这样一想，就能主动负责，甚至公而忘私，舍己为群，把公家或老板与自己视为一体，如此工作才会有兴趣、有成就。

过去，我们到公家机关办个手续，常因为办事员的磨难，再三往返奔波，办一次手续往往费时好几天，甚至好几个礼拜。台湾《青年守则》里第十条是："助人为快乐之本"，但是有些人没有这个观念，反而以"折磨人为快乐之本"，表示他有权力可以摆布别人。这种想法不是愚痴，就是病态。

统一企业公司故董事长吴修齐曾说："事业若要成功其实很简单，当初我也只是一个小职员，看到乡下人来办事，发现他们不认识字，不会填表格，我就主动去帮他们填写。我一直给人方便，与人结缘，在工作上认真努力，大概就是我事业成功的原因吧。"

日本禅学大师铃木大拙临终时，亲戚、朋友、学生来探望他，他说了一句非常有名的话："谢谢你们。"说完眼睛一闭就往生了。他真是一个伟大的人物，不管在什么时候，甚至到临终的最后一刻，对人间还是如此的关怀，如此的亲切，如此的友爱，如此的有礼。

4. 实践居家环境的净土：居家要宁静整洁，环境卫生美化，才是生活的净土。阿弥陀佛的极乐净土，除了庄严自己心理的净土，还有四色莲花、七重罗网、七重行树、八功德水等环境的庄严、美化。有白鹤、孔雀、鹦鹉、舍利、迦陵频伽、共命之鸟出和雅音以音乐来改变人的气质。极乐世界也是黄金铺地，并以七宝装饰楼阁。可以说阿弥陀佛不但是个伟大的工程师，也是最优秀的环保局长。

为了真正提高我们的生活品质，不能光从物质上比高下，应该从精神上来分优劣。看谁的家庭最慈悲高雅,谁的家居环境最美好、最清洁,谁的家庭最有道德、情操和文化素质。

5. 实践思想见解上的净土:在见解上有见解上的烦恼、愚痴,思想上有思想上的烦恼、愚痴,要建立净土,净化思想与见解是非常重要的。

要实践思想与见解上的净土,必须做到以下四点:

一肯回头:佛教讲回头是岸,回头就是我们思想、见解上的净土。

南泉普愿禅师有一次在打坐时,突然大吼一声,把侍者吓了一跳,赶紧走到南泉禅师的身旁,南泉禅师说:"你去涅槃堂看看,是不是有人逝世了?"

侍者走到半路上,碰巧遇到涅槃堂的堂主,于是相偕一同去报告南泉禅师:"刚才有一位云水参学的禅僧圆寂了。"侍者和堂主话刚说完,却见一知客僧匆匆地跑来,向南泉禅师道:"刚才圆寂的禅僧又复活了。"

南泉禅师问道:"那位逝世的禅僧既已活转过来,现在怎么样啦?"

知客僧道:"他很想见见老师,但那是一个不知修福,不肯结缘的人。"

于是南泉禅师就到涅槃堂见生病的禅僧,并问道:"方才你到哪里去?"

病僧回答道:"我到阴间去了!"

南泉禅师道:"阴间的情形如何?"

病僧道:"我大约走了一百里路的时候,就手脚疼痛得走不动,尤其是喉咙干渴得很,忽然有人要把我叫进大楼台阁中,因我实在很累,很想进去休息,才一上楼便见一位老僧,对我怒吼,不许我上去,吓得我抽身就往后倒下,所以现在才能再见到老师。"

南泉禅师申斥说:"那是一所多么富丽堂皇的大楼阁呀!但没有积聚福德,怎能进去?假如你不是遇见老僧,恐怕早已钻进地狱受苦了。"

"浪子回头金不换",从此以后这位病僧便日夜不停地积德修福,活到70多岁才安然坐化,人们便称他为"南泉道者"。

二要换心:换心是我们的净土。只要自己换一换心,当下就是净土。有人离婚,换个丈夫,或换个太太;有人换朋友、换环境、换职业。换来换去,不一定更好,而且很伤感情。只须换心,把厌烦心换成欢喜心,动摇心换成信仰心,那么夫妻永远是夫妻,朋友永远是朋友。所谓"心中无事一床宽,眼内有沙三界窄",只要我们心好,看一切都好,父母疼爱,子女孝顺,朋友护持,你感到人好,自然就会待人好;你感到事好,就会得心应手!

一个人不能光是要求世间好、环境好、朋友好,要先求自己好。要能从心好起,才能感受到世界一切都美好。

三要转身:转身是我们的净土。做人处事能转身,肯转身,多留一点空间,保留一点余地,大家都会感到轻松愉快,彼此都有好处,这就是净土。

有一个学僧到法堂请示禅师道:"禅师!我常常打坐,时时念经、早起早睡、心无杂念,自忖在您座下没有一个人比我更用功了,为什么就是无法开悟?"

禅师拿了一个葫芦、一把粗盐,交给学僧说道:"你去将葫芦装满水,再把盐倒进去,使它立刻溶化,你就会开悟了!"

学僧依样葫芦,遵示照办,过不多久,跑回来说道:"葫芦口太小,我把盐块装进去,它不化;伸进筷子,又搅不动,我还是无法开悟。"

禅师拿起葫芦倒掉了一些水,只摇几下,盐块就融化了,禅师慈祥地说道:"一天到晚用功,不留一些平常心,就如同装满水的葫芦,摇不动,搅不得,如何化盐,又如何开悟?"

学僧:"难道不用功可以开悟吗?"

禅师:"修行如弹琴,弦太紧会断,弦太松弹不出声音,中道平常心才是悟道之本。"

世间事,不是一味执着就能进步的,读死书而不活用,不能获益。留一点空间,给自己转身;余一些时间,给自己思考,不急不缓,不紧不松,那就是入道之门了。而做人处事也是一样道理,话不可说绝,事不可做绝,人际之间要留给彼此一些转身的空间。

四要改性:改性是我们的净土。改自己的缺点、恶习、性格、方法,以求进步。别人不改我改,社会不变我变,这是大智大勇,也就是我们的净土。

世间一般人都希望我好你不好,只追求自己的快乐,置他人的痛苦于不顾,所以纷争不断。如果我们能秉持另一种观念,你好他也好,让我来承担不好的,譬如我们经常在人前承认自己的错误,并且改进自己的态度,凡事过错在我,那么种种纷争就能消弭于无形。

只要我们能回头、换心、改性、转身,那我们的思想见解,当下就是净土。凡事往好处想,愈大愈好,愈多愈好,好就是我们的净土。

五是实践心田识海的净土:拔除我们心田里的杂草,让功德的禾苗生长茁壮,并把八识的身心放大至广大无边。

如果去掉我们自私的心,就能庄严心田识海的净土。

有一位女居士,请了一尊美丽庄严的白瓷观世音圣像,她把这尊观音像送到佛殿里开光。她烧香祭拜时,发现缭绕的香烟随风飘到别的菩萨面前,她的观世音却闻不到,于是,她用铁丝把香绑在菩萨的鼻子上,如此菩萨就可以闻到香了。但是这尊庄严的观音菩萨,一下子就变成了黑鼻子观音了。

有些人拿水果、饼干到寺庙里去祭拜,看到佛前已经有供物,便把别人的东西挪到旁边,而将自己的供品放在中间。我们必须去掉这种只顾自己不顾别人的自私心,所谓化自私而公正,化黑暗而光明,化污秽而清净,化狭小之心而予以扩大,这样的心田识海就是净土。

二、如何认识人间的阿弥陀佛

阿弥陀佛不一定只在西方净土,人间就有阿弥陀佛。阿弥陀佛这四个字,虽是佛的名号,同时也是一个真理。阿弥陀佛是梵语,中国话译为"无量光、无量寿"。无量光是光明普遍一切空间,超越空间不受空间的限制;无量寿是无限的时间,超越时间不受时间的限制。什么东西能超越时间和空间?就是宇宙的真理,就是阿弥陀佛。

宇宙间一切的语言加起来,都没有"阿弥陀佛"这句话好,也没有这句话的通行无碍。不管是不是佛教徒,都知道"阿弥陀佛"这句话;不管有没有信仰,到了生病、灾难、痛苦的时候,许多人自然而然地会念"阿弥陀佛！阿弥陀佛！"

不管认识不认识，见面时说一声："阿弥陀佛！"表示问好。分手时说："阿弥陀佛！"表示再见。看到别人不小心摔了一跤，赶紧说："阿弥陀佛！"表示同情和关心。这一句"阿弥陀佛"是从内心里流露出来，对宇宙世间的一种亲切悲悯。

三、如何获得阿弥陀佛的灵应

慧远大师曾三次见过阿弥陀佛。善导大师虔念"阿弥陀佛"，后每念一句"阿弥陀佛"，就从口中射出一道光明，所以大家称他为"光明和尚"。永明大师每念一句"阿弥陀佛"，十里之内都可以听到。少康大师每念一句"阿弥陀佛"，口里就出现一尊阿弥陀佛，念十句就有十尊阿弥陀佛，念百句就有百尊阿弥陀佛，念千句就有千尊阿弥陀佛。这些都是一心称念阿弥陀佛圣号的感应。

阿弥陀佛虽在极乐世界，但也化身在此娑婆世界。过去，在佛光山嘉义圆福寺，有一位住持喜欢养狗、养鸟，所养的几只九官鸟，都会念"阿弥陀佛"。1985年，打佛七的第二天，有一只鸟死了。在第五天做三时系念时，点了很多的蜡烛，于诵经中，每支蜡烛的火焰都大放光明，而且形同鸟的姿态，大家惊讶不已，怎么每支蜡烛的火光都像鸟的样子呢？后来，用照相机摄影留念，并把此事记载于佛光出版社出版的《佛光山灵异录》中。

如果阿弥陀佛不在人间，怎么会有这么多奇异的灵异事迹呢？当然，因念"阿弥陀佛"而往生西方极乐净土的人就更多了。

四、如何念佛才能往生西方极乐世界

在《华严经·入法界品》里,德云比丘为善财童子介绍了21种念佛三昧,由此可知念佛法门的深广。此外,历代祖师也多有提倡,如华严宗澄观大师的"五门念佛"、天台宗智者大师的"五方便念佛"。其后华严宗五祖宗密大师,更根据二师之说,将念佛方法分为持名、观像、观想、实相四种念佛。在这四种念佛法门中,又以"称名念佛"最受推崇,以下加以详细介绍:

(一) 四种念佛

1. 称名念佛,即《阿弥陀经》所说的持名念佛。心系一佛,专心称念名号,念念相续。

2. 观像念佛,对佛的塑画等像,谛观分明。如《思维要略法》云:"人之自信,无过于眼,当观好像,便如真佛无异。先从肉髻、眉间白毫,下至于足,从足复至肉髻。如是相相谛取。"

3. 观想念佛,这是以前面的观像念佛为基础,内心观想佛相好光明的一种念佛方法。首先以双眼谛观佛像的一相至多相,留下深刻印象后,再到静处闭目忆念观想。

《坐禅三昧经》云:"还至静处,心眼观佛,令意不转,系念在像,不令他念。若心中观想佛像不明,则须再以眼取佛相好。"另外,在《观佛三昧海经》也提到:如是心住、出定、入定,恒见诸佛悉在目前;开目、闭目,处处无非极乐。

4. 实相念佛,也就是观想自身及一切万法的真实自性,是无形无相,犹如虚空,而心及众生本来平等。《文殊般若经》:"不生、不灭、不来、不去、非名、非相，是名为佛。如自观身实相，观佛亦然。"《华严经》也说："一切诸佛，唯是一法身。念一佛时，即一切佛。"

以上四种念佛法门，持名最浅易，实相念佛则是深法。两千年来，持名念佛在祖师大德们积极地提倡下，已成为最普遍而深入民间的修行方法。

（二）持名念佛法

历代以来，对于持名念佛也有各种不同的方法。

1. 明持：出声称念如来名号。念佛时，如果昏昏欲睡，或妄想散乱，则应该勇猛提起精神，高声唱念，把全身的精力声音都贯注在一句佛号上，则能对治昏沉，驱除妄想，恢复正念。古人说："大声念佛就见大佛，小声念佛就见小佛。"这是提倡此念佛法的方便说。净土宗六祖永明延寿大师在杭州南屏山顶念佛时，山下行人听到他的声音如天乐鸣空，高朗嘹亮，六祖所用的就是高声念佛法。此外，金山活佛，夜里常到山顶上，大声唱诵"谁念南无阿弥陀佛"，声音悲切凄凉，听闻者，无不被他的念佛声所感动。

2. 默持：如果高声唱念佛太久，觉得耗气费力，则可改用默念，也就是唇动不出声，但阿弥陀佛圣号在心中仍是清清楚楚，明明白白。由于清楚明白，所以心不散乱，正念分明。这种默念法，可于卧时、睡时、工作时、沐浴时、开会时、参加典礼时等情况下诵持。一个人临命终时，四大分离，六根销融，只剩下心识而已，这时候平时的默持念佛功夫，就有很大的帮助。

3. 半明半默持：高声念佛觉得费力，默念又容易昏沉，因此取其中道，念佛绵绵密密，声在唇齿之间。行者一边念，一边听，不论四字或六字念,但能听得字字分明,须句句出口入耳,声声唤醒自心。

4. 观想念:这是持名念佛与观想念佛的综合,也就是在持名念佛的同时,也观想佛身相好庄严,卓立我前,或以手摩我顶,或以衣覆我体;或观想极乐世界金地宝池、楼阁宝树等。平时极乐依正已历历存于心中,一旦身衰体谢,心中念佛的同时,极乐胜景便了然于心。

5. 追顶念:将字与字及句与句之间,连缀得极为紧密,使一字追一字,一句顶一句,声声追顶,中间不留间隙,无稍休息,努力直前,即名追顶念。

6. 礼拜念:即边念佛,边礼佛。或先念一句,后拜一下;或不论句数多少,但边念边拜,边拜边念,念拜并行,身口合一,所谓"念佛一声,福增无量;礼佛一拜,罪灭河沙"。此外,宋明以来盛行的大悲忏、梁皇忏、过年礼千佛等各种忏法,也采用此"持名礼拜"念佛法。

7. 记十念:念佛号时,以念珠记数,每念十句佛号,拨一粒念珠,这种方法对治杂念极为有效。

8. 十口气念:这是以追顶念佛法,追顶念去,不论佛号多寡,总以尽一口气为度;待到出气已促绝,需再吸进一口气,方能再续念,名为一口气。如是十次,名为十口气。大约念完十口气,只需5分钟左右。这是专为工作忙碌的人特设的方便法门。

此法根据《无量寿经》第十八愿"十方众生,欲生我国,乃至十念,若不生者,不取正觉"的愿文而设。佛愿深广,而净土一法普被三根,所以虽仅十念,临终之时,佛必来迎。清末民初印光大师极力提倡此法,以作为方便接引众生学佛的简易法门。

（三）以不同心境来念佛

1. 用欢欢喜喜的心来念佛：念佛时的心，好像在唱歌、跳舞一般高兴欢喜。

2. 用悲悲哀哀的心来念佛：好像内心十分感伤难过，而又无处诉说，只有向阿弥陀佛来诉说一样。

3. 用实实在在的心来念佛：朝朝共佛起，夜夜抱佛眠，每句阿弥陀佛念得实实在在，耳朵听得清清楚楚，心里想得明明白白；每念一句就彷佛有一尊佛在眼前。

4. 用空空虚虚的心来念佛：念得手也空、脚也空，念得我也空、你也空、天也空、地也空，念得不知身在何处，心田识海无限地扩大，使心和宇宙合而为一。

在物质充斥，生活繁忙的今日社会里，人人应该修持念佛法门，让心灵有一片静谧的园地。念佛法门，不会妨碍工作的进行，不受时空的限制，任何时候，任何地点，都可以修持，是各种修行法门之中，最方便的一个法门。

我们要把一切的音声，都变成念"阿弥陀佛"的音声，无论是在汽车或火车上，每一根电线杆都是我的念珠，每一块田地就是我的念珠；每一棵树也是我的念珠，每一个人也是我的念珠，把宇宙间的事事物物，都念成"阿弥陀佛"，把法界所有一切，都念成阿弥陀佛的极乐世界。

1986年5月讲于高雄中正文化中心